한자문명연구사업단
Hanja Civilization Research Center

한국한자연구소 한자총서 11

# 갑골문천자문 甲骨千字文

하영삼(河永三) 직해(直解)
장견(張堅) 서(書)
장원심(張源心) 조판(組版)

도서출판 3

# 갑골문천자문
## 甲骨千字文

도서출판 3

# 3000년의 속삭임, 세계 최초의 『갑골문 천자문』의 탄생을 기념하며

### -고대의 지혜와 현대의 감성이 빚어낸 문자문화의 새로운 장(章)-


『천자문』은 누가 뭐래도 최고의 한자 학습서였습니다. 『천자문』은 위진 남북조 시대 양(梁)나라의 주흥사(周興嗣)가 당시의 가장 요긴한 한자 1000자를 뽑아서 잘 기억하고 학습하기 쉽도록 4자씩 모아서 편집한 책입니다. 하룻밤 만에 배치를 완성했다는 설도 있지만, 1000자를 4자씩 모아서 말이 되도록 만들고, 중국의 역사, 사상은 물론 생활의 교훈까지 들어가도록 재배치하고, 이를 주제별로 모아 운(韻)까지 맞추어가며 한 권의 일목요연한 책으로 만든다는 것은 여간 어려운 일이 아니고 아무나 할 수도 없는 일이었습니다.

이 때문에 천년이 훌쩍 지난 지금도, 한자하면 연상하는 것이 『천자문』입니다. 그래서 한자 학습에 가장 많이 쓰였던 책이 『천자문』입니다. 중국이나 우리나라뿐만 아닙니다. 같은 한자문화권에 속하는 일본도 그렇고 베트남도 그랬습니다. 특히나 서예의 대가가 쓴 좋은 서체를 받은 『천자문』은 글자쓰기와 서예 연습까지 할 수 있어 금상첨화였습니다.

그러나 사회는 끊임없이 변하고 그에 따라 자주 사용하는 한자도 달라졌고, 가져야 할 가치도, 배워야할 역사도 변하기 마련입니다. 또 어린아이가 입문서로 배우기에는 너무 어렵다는 평도 있었습니다. 이 때문에 한국은 물론 중국, 일본, 베트남에서는 시대에 맞게, 또 글자의 난이도를 조정하고, 또 각국의 역사나 현실에 맞도록 새로 재편집한 "천자문"이 계속 등장했습니다. 최근 출판된 『동아천자문췌편(東亞千字文萃編)』(王平 주편, 상해사서출판사, 2019)에만 해도 특색 있는 『천자문』 중 중국의 것 19종, 한국의 것 39종, 일본의 것 43종을 싣고 있습니다. 이들은 『천자문』의 원형을 보존한 것에 한정했으며, 대표적인 것만 뽑은 것이 그러니 실제 종류는 헤아릴 수 없이 많을 것입니다.

여기서 그치지 않고, 4자구로 된 1000자의 형식으로 대표되는 "천자문"의 형식만 빌리되 아예 새로 만든 것도 상당합니다. 예를 들어 우리 정약용 선생은 『천자문』이 갖는 이러한 단점 때문에 당신의 자제에게 가르치기 위해 직접 1000자를 새로 뽑아 난이도를 조정했고, 이를 새로운 내용으로 배치하여 『아학편(兒學編)』을 편찬했습니다. 그 외 2000자, 3000자로 이름 붙인 것도 있습니다.

그러나 생각해보십시오. "천지부모(天地父母), 군신부부(君臣夫婦)"도 쉽고 실용적이고 직관적이어서 좋지만 "천지현황(天地玄黃), 우주홍황(宇宙洪荒)"도 원대한 꿈을 키우고 상상의 나래를 펴게 하는 엄청난 힘이 있습니다. 더구나 어린 아이가 글자를 배울 때쯤 이 문구로 시작한다면, 정확한 뜻은 모른다 하더라도 저 광활한 우주에 대한 상상력을 크게 키울 수 있었으리라고 봅니다. 어쩌면 일론 머스크가 어릴 적 꿈꿨던 우주여행과 그에 대한 호기심이 지금의 테슬라를, 스페이스 X를 만들게 했던 것처럼 말입니다. 시대가 변하고 가치가 변하고 역사를 보는 눈도 바뀌었지만 『천자문』이 갖는 매력은 이 때문에 영원할지 모릅니다.

1899년 우연히 세상에 모습을 드러낸 갑골문(甲骨文)은 유구한 한자 역사에서 문자 체계를 갖춘 가장 이른 시기의 문자라는 점에서 온 세계의 주목을 받았습니다. 그전부터 '용골(龍骨)'이라는 이름의 한약재로 온데 돌아다니고 있던 것을 북경의 저명한 문자학자 왕의영(王懿榮)이 우연히 알아본 것이니, 1899년은 발견이라기보다 '인지'하게 되었다는 표현이 더 맞을 것입니다. 여하튼 125년이 지난 지금 갑골문을 모르는 사람이 없을 정도로 '갑골문'은 유명해졌습니다. 무슨 매력이 있기에 그랬을까요? 무엇보다 한자의 근원을 알 수 있고, 한자가 어떻게 해당 개념을 표현했는지를 확인할 수 있는 초기의 글자들이고, 또 상형성이 뛰어나 신비하리만큼 글자를 쉽게 인지할 수 있기 때문이리라고 봅니다. 모든 기원 문자가 그랬듯, 초기 단계로 갈수록 상형 즉 그림에 가깝고, 조금만 눈여겨보면 형상과 구조를 알 수 있고 뜻을 추측할 수 있기 때문일 것입니다. '최초'의 한자라는 수식어도 한 몫을 했을 것입니다.

문자로서의 가치에 그치지 않습니다. 서예가들은 초기의 서예를 이해하기 위해, 역사학자는 초기의 중국사를 위한 1차 사료로, 문화학자는 초기의 원형사유를 파악하는 유용한 자료로, 과학자는 과학의 시작을 연구하는 원시자료로 사용하고 있습니다. 그래서 모든 분야에서 누구나 반드시 거쳐야 하는 글자가 되었습니다.

한자의 어원을 통해 그에 반영된 사유방식과 한자문화권에서의 사유 특징을 주로 연구하고 있는 필자에게 갑골문의 중요성은 더 강조할 필요가 없습니다. 더구나 필자는 한국인입니다. 한국에서 한자를 어려워하고 두려워하는 한국인들에게 이를 쉽고 체계적으로 재미나게 습득할 방법을 강구하고 제공하는 것도 한국인으로서 필자의 의무이기도 합니다. 그래서 한자 학습에서 어원이 요긴하고 거기에 담긴 문화성의 이해가 중요하다고 강조해왔습니다. 이를 해결해 줄 수 있는 것이 '갑골문'입니다. 갑골문을 보면서 한 글자 한 글자를 보면 한자는 그림을 보면서 그림이 무엇인지를 추측하는 놀이라는 기분이 듭니다. 그렇게 되면 한자는 더 이상 어려운 학습 대상이 아니라 보고 즐기며 상상하는 놀이가 될 것이라 생각해 왔습니다.

이 때문에 매우 일찍부터 언젠가는 갑골문을 가지고 기초 한자를 학습하는 멋진 교재를 만들어보아야겠다고 생각해왔습니다. 그리고 그 유효한 방안 중의 하나가 '갑골문'으로 『천자문』을 학습하는 것도 큰 방편 중의 하나라 생각했습니다. 그래서 갑골문과 『천자문』의 한자를 대비하고 이에 대한 어원을 더하여 소위 "어원 갑골 천자문"을 기획하고 여러 번 작업을 해보기도 했습니다. 그러나 문제는 가장 상형성이 뛰어나고 직관적인 갑골문에 존재하는 『천자문』의 글자가 그렇게 생각보다 많지 않다는 점이었습니다. 1000자가 모두 대응된다면 얼마나 좋겠습니까만, 안타깝게도 절반 조금 넘는 532자만 존재한다는 것입니다. 나머지 468자는 어떻게 할 것인가 고민했습니다. 갑골문 다음의 단계라 불리는 금문에서 찾고, 금문에도 없으면 최근 많이 출토된 전국(戰國)문자에서 찾고, 거기에도 없으면 『설문해자』의 소전(小篆)체에서 찾았습니다. 『설문해자』에는 9353자(최근 출간한 필자의 『완역설문해자』에는 9833자가 수록되었습니다)가 들었으니 『천자문』의 1000자를 해결할 수 있었습니다.

그러나 문제는 갑골문과 금문과 전국문자와 소전체의 자형 구조가 다르고 글자 요소들 간의 배치도 다르고 필법도 달라 소기의 목적을 달성하기가 어려웠습니다. 그래서 생각해 낸 것이 갑골문에 없는 금문, 전국문자, 소전체를 갑골문의 방식으로 다시 쓰는 것이었습니다. 그러나 그것도 쉽지 않았습니다. 갑골문과 소전체의 사용시기가 이미 2천년 이상 차이가 나고, 이미 극도로 발전한 소전체를 갑골문으로 바꾸어 쓴다는 것도 문제가 될 수 있고, 또 그렇게 일관된 갑골문 서체로 다시 쓸 수 있는 서예가를 찾기도 어려웠습니다.

그렇게 손을 놓고 있던 차에 우리 인문한국플러스(HK+) "동아시아 한자문명사업"에서 "갑골문천자문"의 판각을 기획하게 되었습니다. 취지는 한자에서 특별한 의미를 가지는 갑골문을 판각이라는 방식으로 통해 한번 새겨 보자는 취지였습니다. 운 좋게도 한국 판각 복원의 최고로 꼽히는 안준영 관장님을 섭외할 수 있었고, 처음에는 개별 글자 몇 글자 새겨보는 것으로 시작했습니다. 하지만 판각이라는 것이 ""팔만대장경"과 "한국의 유교 책판" 등이 세계기록유산으로 지정된 데서 볼 수 있듯 한국이 보유한 세계적인 인쇄 기술이며 우리 전통의 자랑이 아닐 수 없었습니다. 이에 우리 선조들이 가장 사랑했던 한자 교재 『천자문』을 한번 갑골문으로 새겨볼 수 있을까 논의가 됐습니다.

판각은 한국 최고의 안준영 관장께서 선뜻 지도해주시겠다고 약속했습니다. 문제는 위에서 말한 문제를 해결할 『갑골문 천자문』의 체본을 어떻게 마련할 것인 가였습니다. 언뜻 떠오른 분이 갑골문 출토지 중국 안양(安陽)사범학원에 계시는 장견(張堅) 교수였습니다. 제가 번역한 바 있는 『갑골학 일백년』의 저자로 작년에 안타깝게 작고하신 중국사회과학원의 왕우신(王宇信) 교수의 소개로 갑골학 110주년 기념학회 때부터 알게 된 분입니다. 특히 갑골문 서예에 최고라 일컬을 수 있으며 서예뿐만 아니라 "은상문화 학회"의 부회장을 맡을 정도로 갑골학 연구에도 정통한 분이십니다. 코로나가 나기 직전 갑골문 발견 120주년을 기념해 우리 한국한자연구소와 중국사회과학원이 공동으로 여기 부산에서 "갑골문 발견120주년 기념 국제학술대회와 서예전시회"를 할 때에도 큰 역할을 해주신 분입니다. 중국에서 갑골문 120주년을 맞아 "갑골문서예대전"에 출품한 서예 작품 중 120점을 선정하여 가져왔고, 한국에서 전국적으로 60여분이 작품을 내서 함께 전시한 대규모 한중 합작 갑골문 서예전시회였습니다. 학술대회 때에도 왕우신 교수와 왕진중(王震中) 회장을 비롯한 대만의 허진웅(許進雄) 교수(한국에서 번역된 『중국고대사회』, 『유래를 품은 한자』, 『갑골문고급사전』 등의 저자), 캐나다의 켄이치 다카시마(高島謙一) 교수 등 많은 학자들이 참여하여 "갑골문 발견 120주년을 맞이한 갑골학 연구"의 갖가지 문제와 미래에 대해 논의했습니다. 갑골학 120주년을 맞아 중국 외에서 거행된 유일한 갑골문 서예전시회였습니다.

장견 교수께 예전부터 이런 구상을 밝혀 체본을 부탁 드렸으나, 허락을 받지 못했습니다. 갑골문체로 『천자문』에 없는 그렇게 많은 글자를 만들어 넣는 것도 쉽지 않고, 또 갑골학자로서 그렇게 하는 것이 최선인가에 대한 학자적 고민도 갖고 계셨기 때문입니다. 이번에 다시 한 번 용기를 내어 우리 시민강좌의 취지를 간곡하게 설명하고, 갑골문의 보급과 세계화를 위해서라도 꼭 필요한 일임을 설득했습니다. 그간 코로나19 팬데믹을 거쳤지만 왕우신 교수와 장견 교수와는 지속적으로 관계를 유지해왔던 터라 허락을 받을 수 있었습니다.

장견 교수의 말씀처럼 이 『갑골문 천자문』은 세계에서 처음으로 만들어지는 작업입니다. 본거지인 중국에서도 하지 못했던 프로젝트를 한국에서 처음으로 실현하게 되었습니다. 장견 교수의 갑골문 서예는 예술가와 학자적 풍모를 함께 갖추었습니다. 특히 갑골문 발굴과 시기부분, 역법 연구 등에 특별한 공헌을 했던 '갑골 4당(堂)' 중의 한 분인 동작빈(董作賓) 교수의 서예를 전승한 학문적으로 전통성을 확보한 분입니다.

이제 중국 최고의 갑골문 서예가 장견 교수의 『갑골문 천자문』과 한국의 세계적인 유산인 '판각' 기술이 한국에서 만나 인류역사상 처음으로 탄생합니다. 더욱 의미 있는 것은 이러한 판각이 시민들의 손에 의해 이루어졌다는 것입니다. 보통의 시민이 아닙니다. 영남을 대표하는 부산과 호남을 대표하는 전주의 시민들이 함께 참여했습니다. 『갑골문천자문』을 통해 영호남이 함께 만나고 중국과 한국이 공동으로 참여했다는 남다른 특별한 의미가 있습니다.

세계최초의 『갑골문 천자문』과 안준영 관장님의 지도하에 완성된 시민 각수들의 판각 『갑골문 천자문』이 여기 부산에서 먼저 선보이며, 판각으로 만나는 영호남의 화합의 상징을 위해 12월에는 전주 완판본문화관에서 순회 전시가 계획되어 있습니다. 또 내년 2025년 4월에는 갑골문의 출토지 중국 안양(安陽)에서 중국의 "문자절 축제"의 메인 테마로 이 전시를 거행할 계획입니다. 반응이 좋다면 국내와 중국의 다른 지역도, 일본도, 대만도, 홍콩도, 베트남도 순회 전시할 계획입니다. 또 갑골문 어원 해설을 반영한 『어원 갑골문 천자문』도 곧 선보일 예정입니다.

그 더운 여름도 이기고 프로젝트를 무사히 완성해준 시민 각수들, 지도해 주신 안준영 관장님, 체본을 마련해 주신 장견 교수 등 모두에게 감사하다는 말씀을 드립니다. 이 조그만 책이 우리가 갖고 있는 이상과 꿈을 실현하는 큰 걸음의 시작이 되기를 기대합니다.

2024년 10월 16일
도고재(度古齋)에서 하영삼

# 『갑골천자문』서문

『천자문』은 중국 고대 남북조 시대 양(梁)나라 때의 주흥사(周興嗣)가 편찬한 한자 교육용 계몽서로, 상상을 넘을 만큼 광범위하게 사용되었으며 독보적 권위를 갖고 있습니다. 1천 개의 한자로 구성된 『천자문』은 천문, 지리, 역사, 도덕, 문화 등 다양한 분야의 내용을 아우르고 있습니다. 문장은 쉬워 일상대화와 같이 느껴지며, 운율까지 있어 암기하기가 쉽고 대구가 정교하며 문장도 아름답고 뛰어납니다. 중국 고대 초등 교육의 고전으로서, 이런 장점 때문에 이미 영어, 프랑스어, 라틴어, 이탈리아어 등으로 번역되었으며, 오늘날까지도 중화 문화 전파에 중요한 역할을 하고 있습니다.

한국의 인쇄 기술 역사적 성취를 충분히 보여주는 판각 인쇄술은 고대 동아시아 문화에서 중요한 역할을 했습니다. 특히 불교 경전과 각종 서적의 전파 과정에서 광범위하게 사용되어 큰 영향을 미쳤습니다. 우수한 전통 문화를 계승하고 발전시키는 목판 인쇄술은 오늘날의 청소년과 각국 관광객들에게 한국의 탁월한 전통 문화를 체험하게 하고, 다양한 문화 간 교류를 강화하며, 역사적 문화 교류에 대한 인식을 높이는 데 기여하고 있습니다.

갑골문은 한자의 가장 초기이자 성숙한 형태로, 칼로 새기는 것이 주요 서사 방식이었습니다. 한국의 정통적인 판각 기술을 활용하여 갑골문을 활성화하고, 한자 학습의 최고 고전인 『천자문』을 결합하여 우수한 전통 문화를 계승하고자 하는 것은 경성대학교 한국한자연구소 하영삼 소장의 독창적인 발상입니다. 저는 이러한 숭고한 뜻을 가진 하 교수의 부탁을 흔쾌히 받아들여 갑골문, 금문, 전서 등 고대 한자를 모아 갑골문 서사의 고유한 풍격을 표현하고자 노력하였습니다. 드디어 『갑골천자문』을 완성하였으니, 세계에서 처음이 아닌가 생각합니다. 이 감격과 훌륭한 사업을 동료 연구자, 한국의 시민들과 함께 공유하고자 합니다.

갑골문의 출토지 중국 안양(安陽)에서
장견(張堅)
2024년 10월 16일

## 일러두기

† 『갑골문천자문』의 필첩은 중국 안양(安陽)사범대학의 장견(張堅) 교수의 작품입니다.

† 한국한자연구소에서 인문한국플러스(HK+) 사업에서 시민강좌의 일부분으로 전통 서책 모양으로 인출하기 위해 전통 판각 양식으로 조판하였습니다.

† 『천자문』 중에 갑골문에 존재하는 글자는 총 532자입니다. 갑골문에 존재하지 않는 글자의 경우, 우선 기존의 부수와 편방을 조합하여 만들었고(총 239자, 해당 글자 오른쪽 아래에 △로 표시), 이 방식으로도 불가능할 경우 후대의 글자를 갑골문 필법으로 해당 글자를 만들어 썼습니다(총 229자, ◇로 표시).

† 책 전체 구성은 장견(張堅) 교수의 서예 작품을 먼저, 그 다음에 조판된 판각용 천자문을, 마지막에는 『천자문』의 간략한 번역을 붙였습니다. 번역은 조선시대 널리 쓰인 『주해천자문』을 주로 참조하되 현대인들이 쉽게 이해하도록 고쳐 썼습니다.

† 여기에 쓰인 갑골문서체는 저작권의 보호를 받는 작품이므로 허락 없는 사용을 금합니다.

† This work was supported by the Ministry of Education of the Republic of Korea and the National Research Foundation of Korea (grant number NRF-2018S1A6A3A02043693).

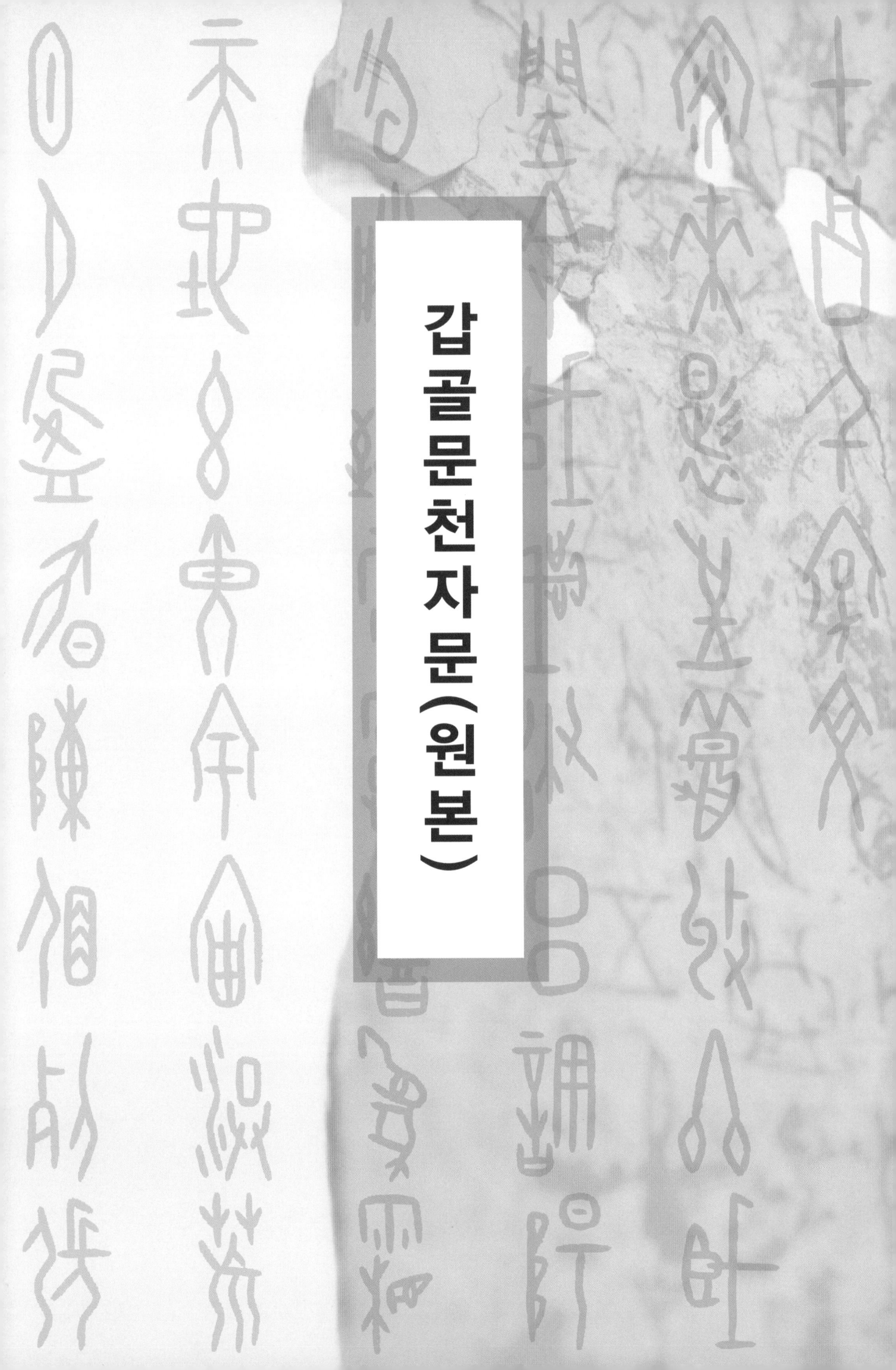

갑골문천자문(원본)

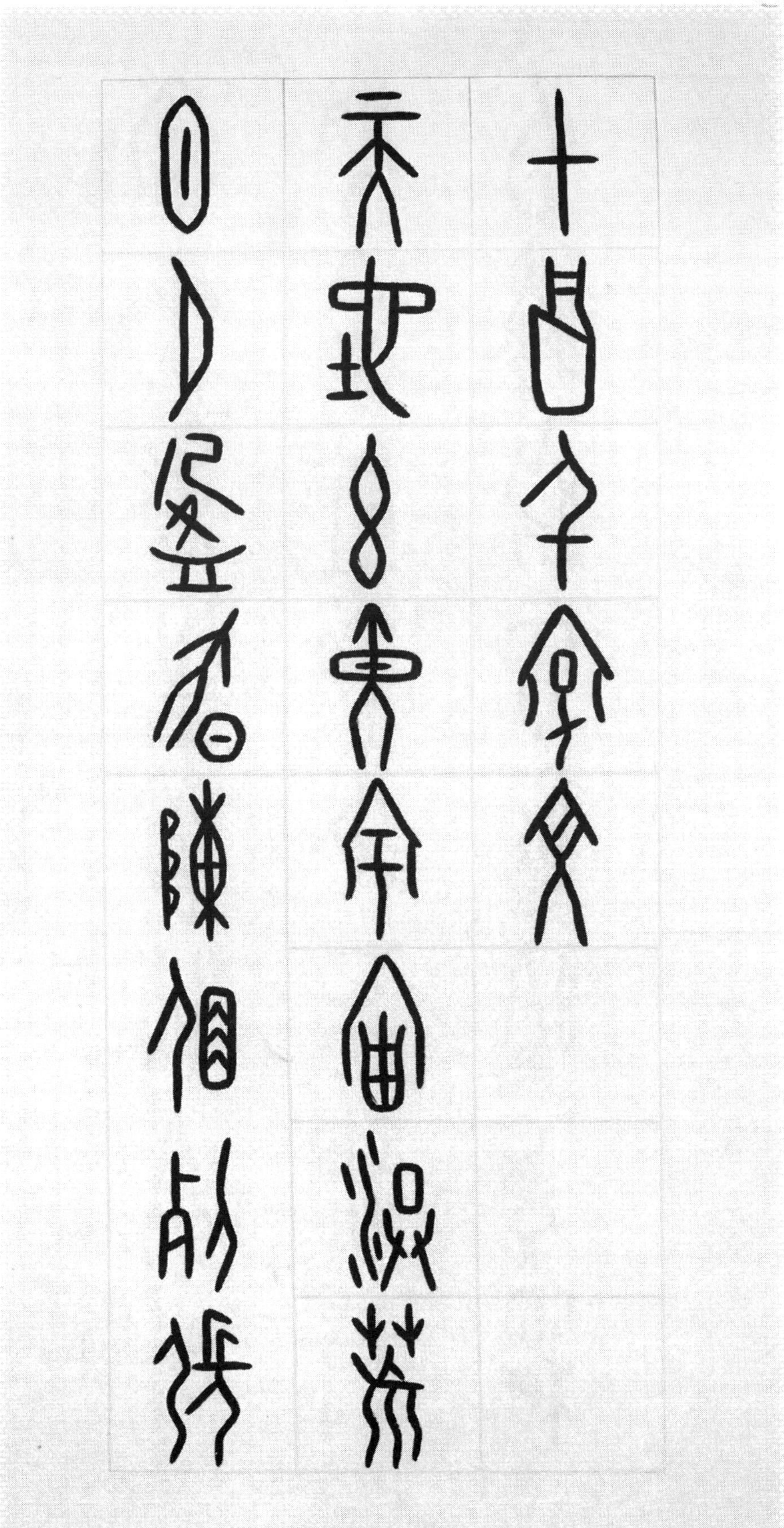

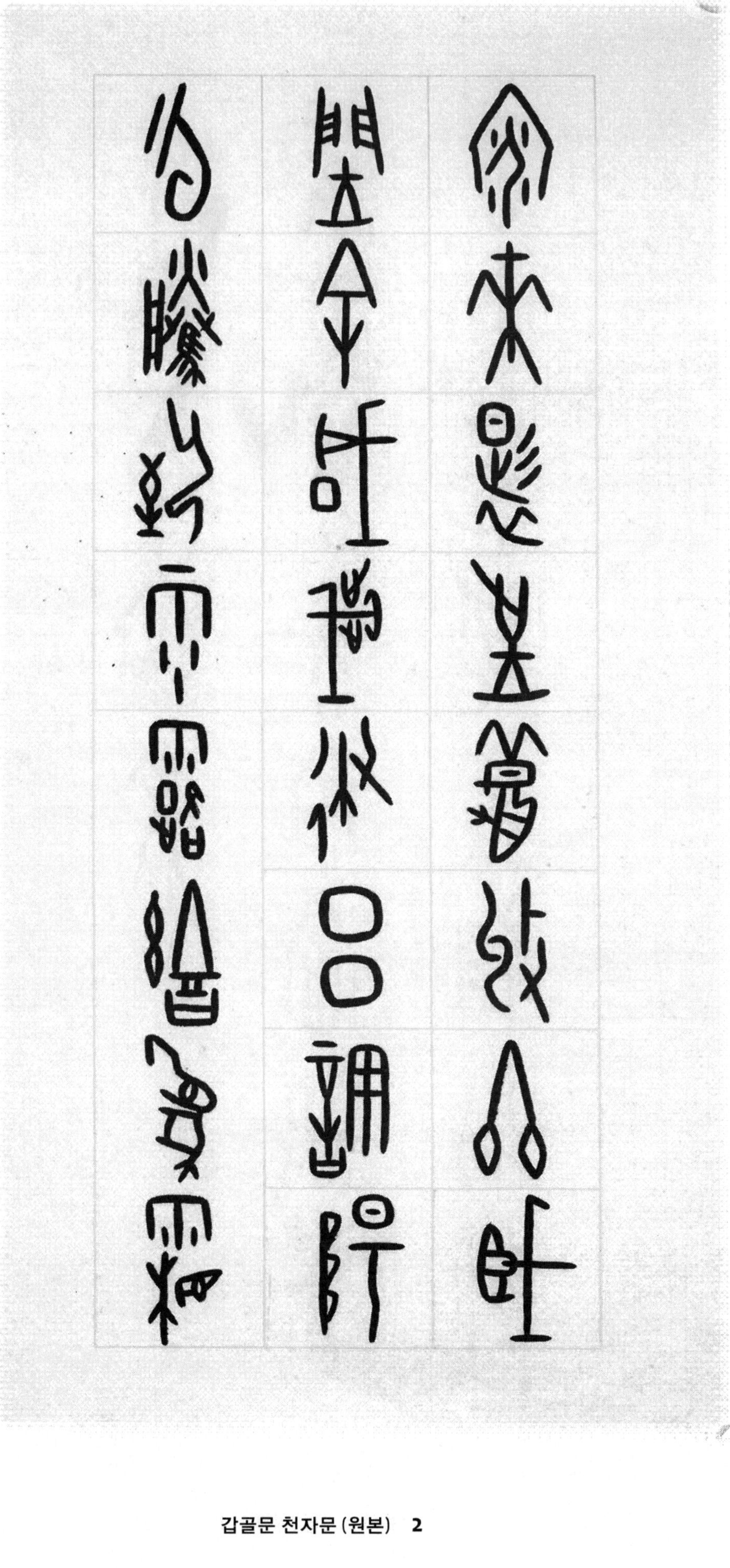

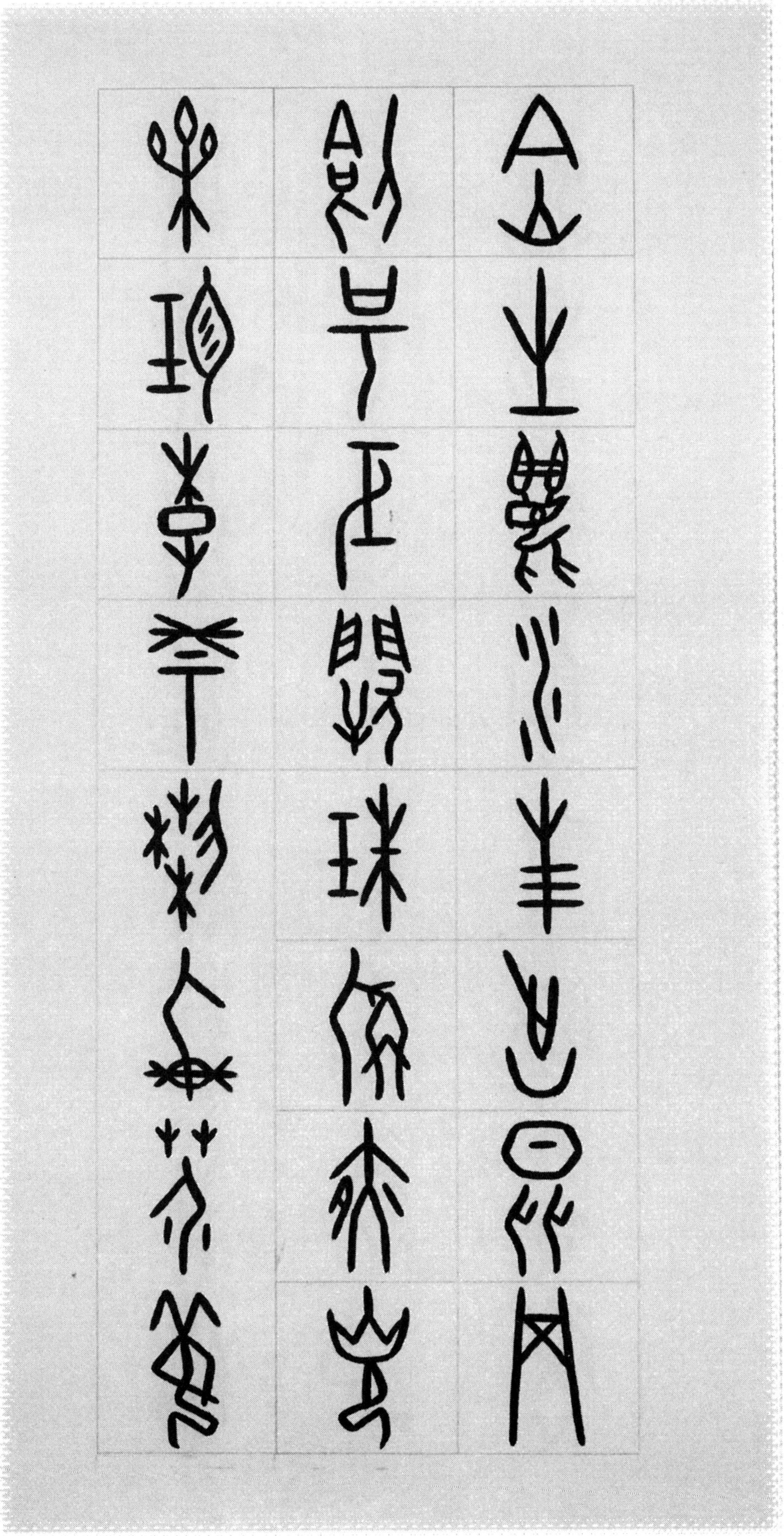

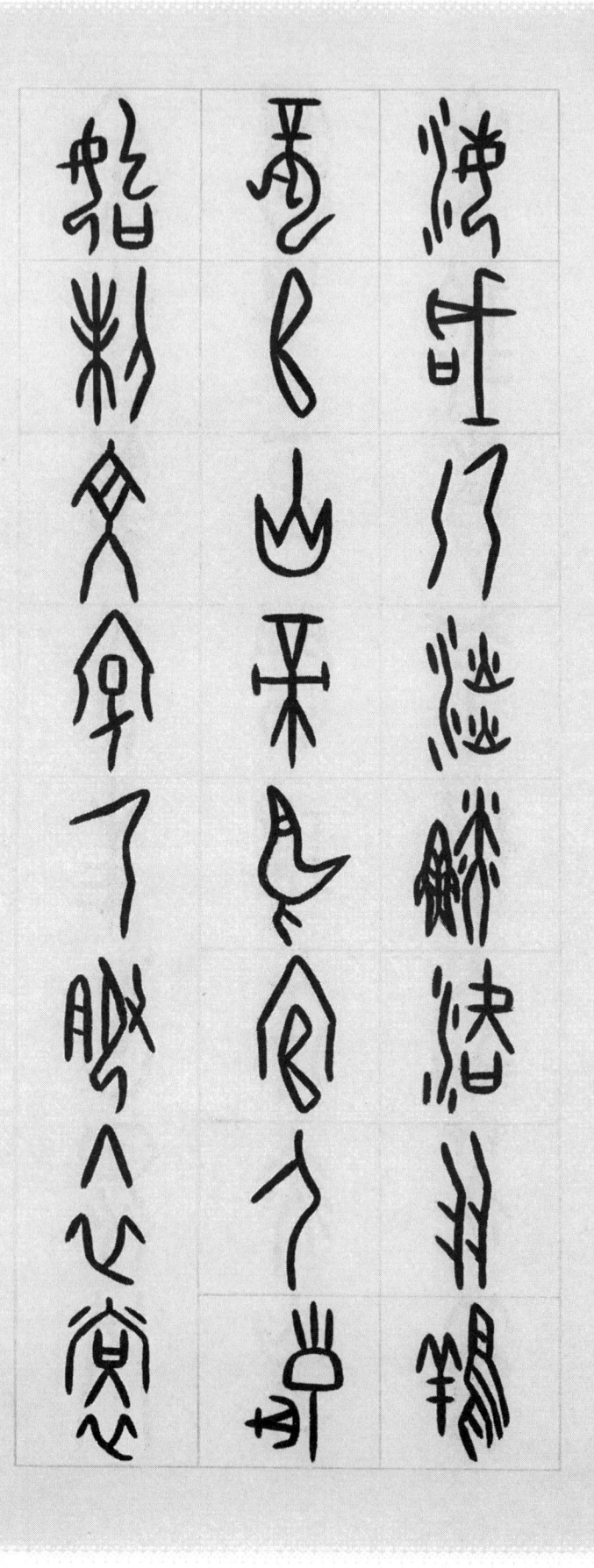

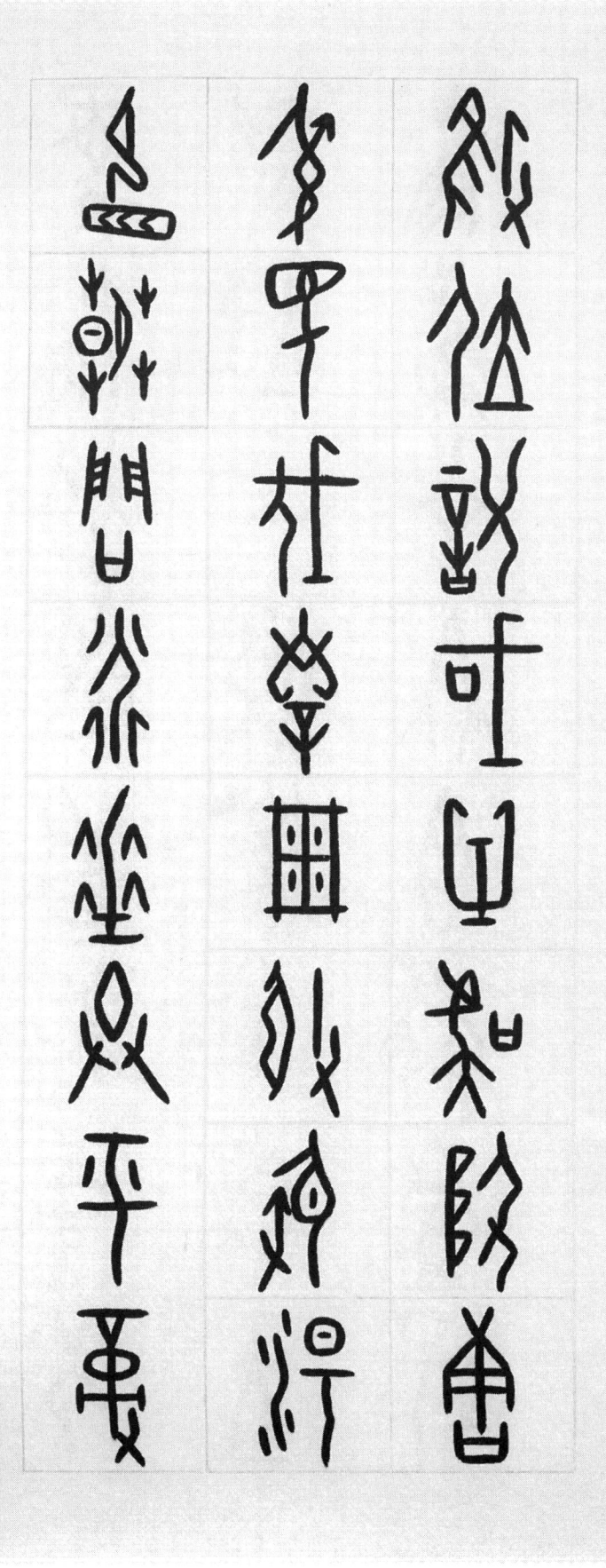

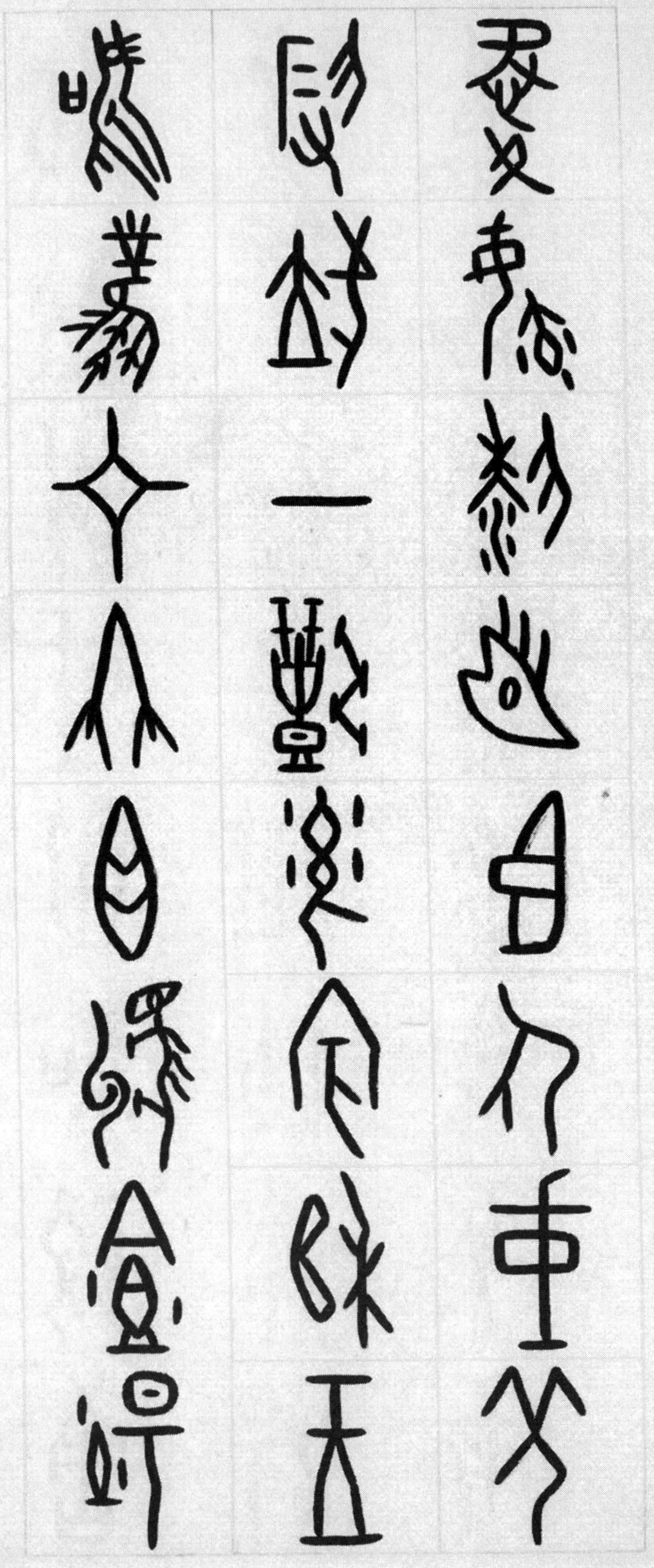

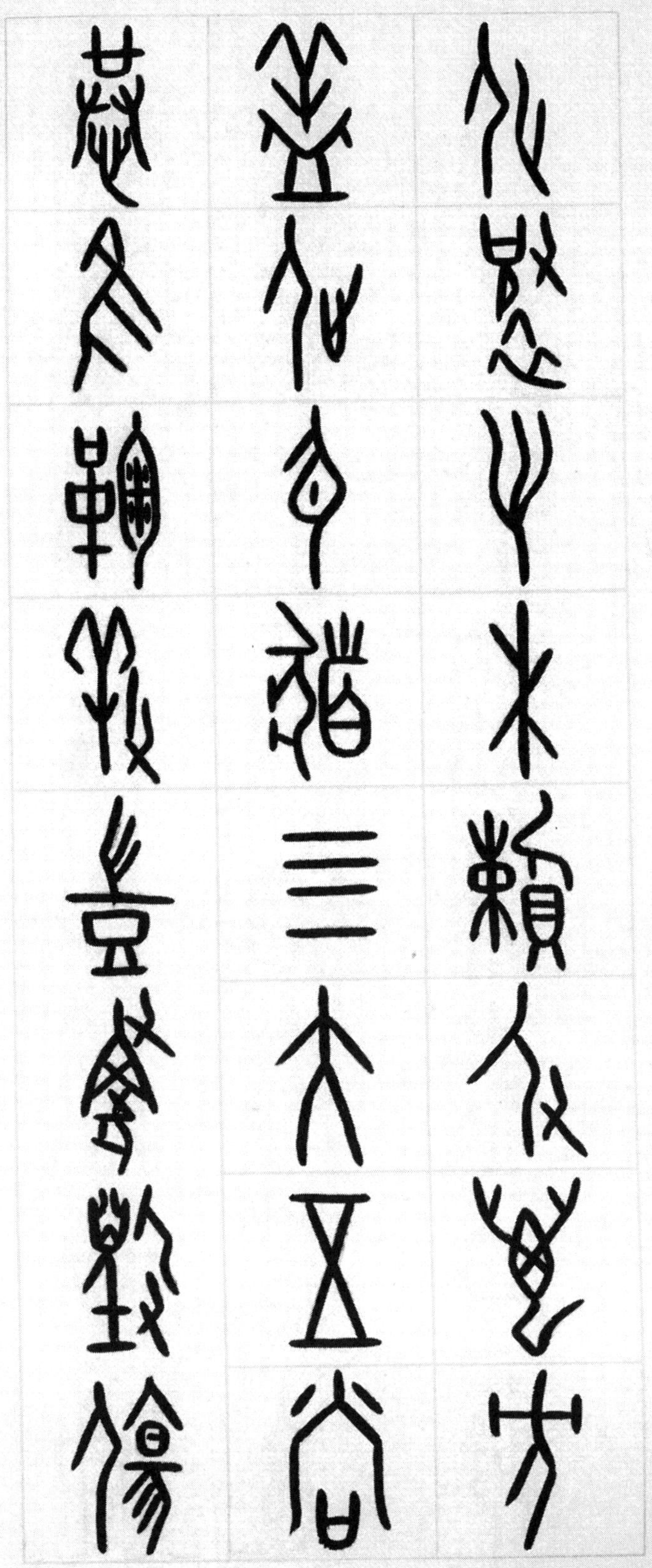

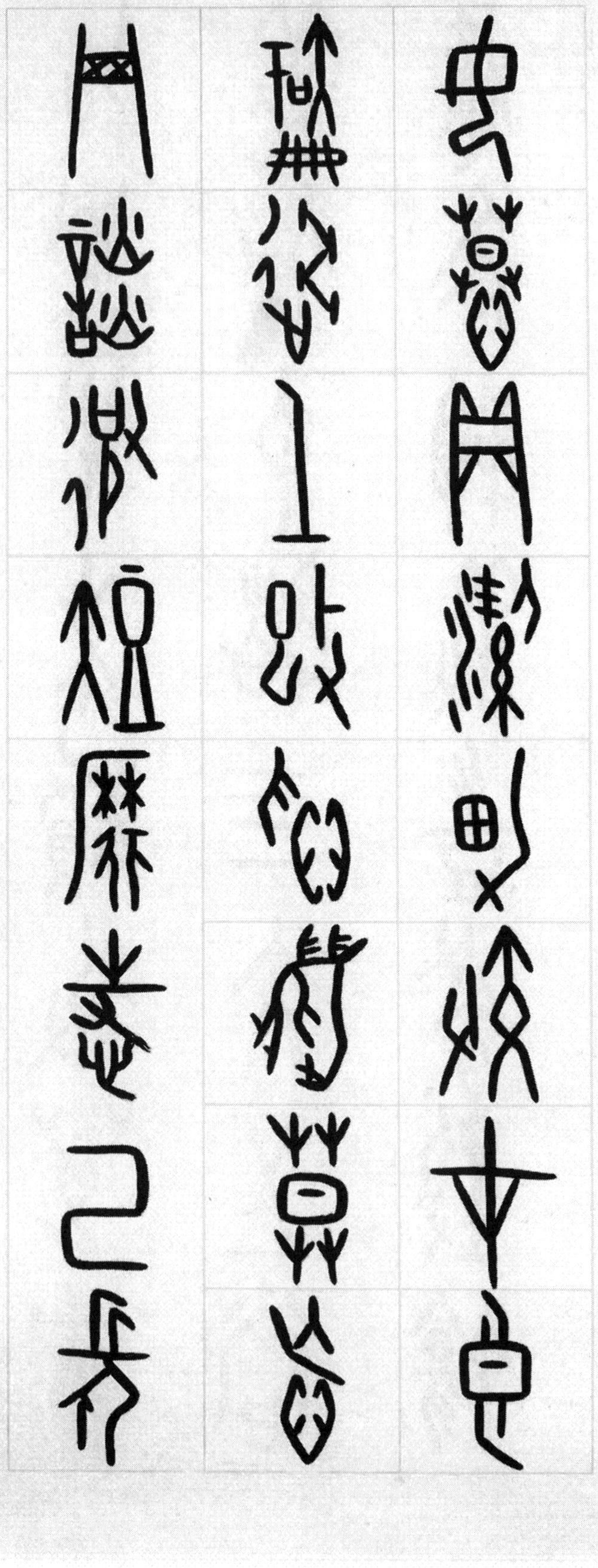

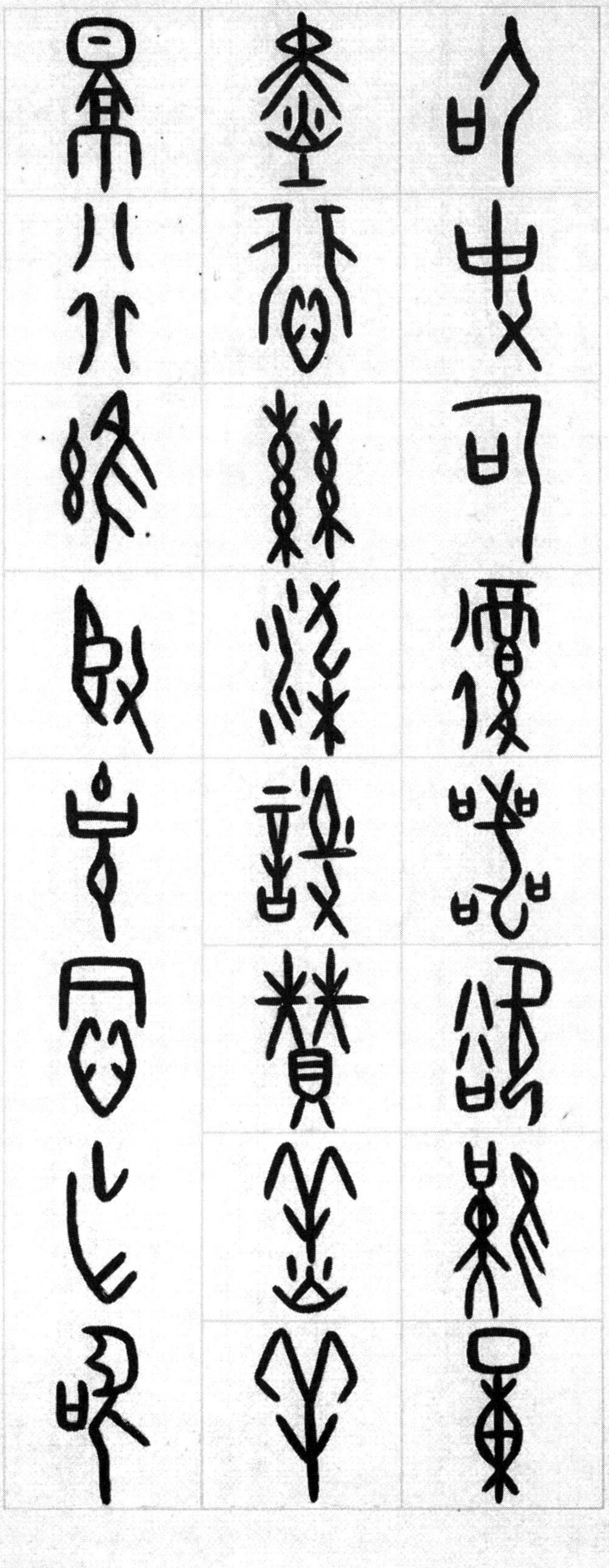

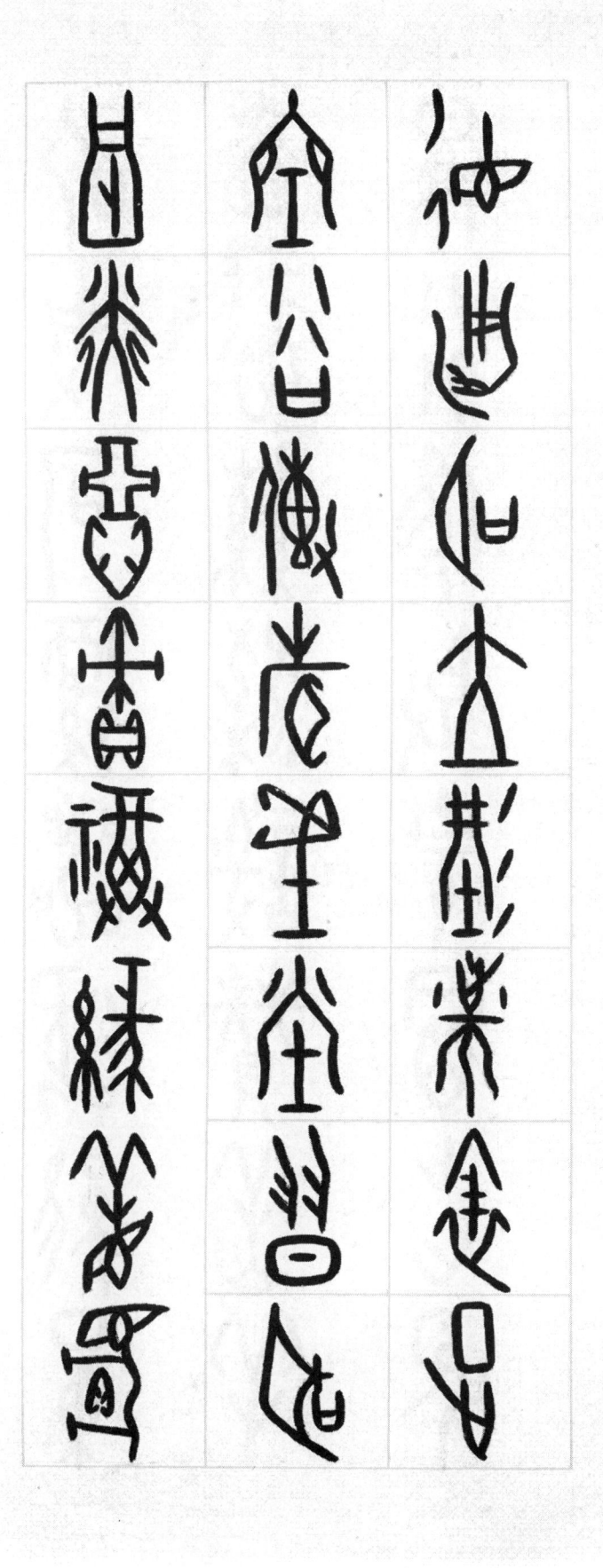

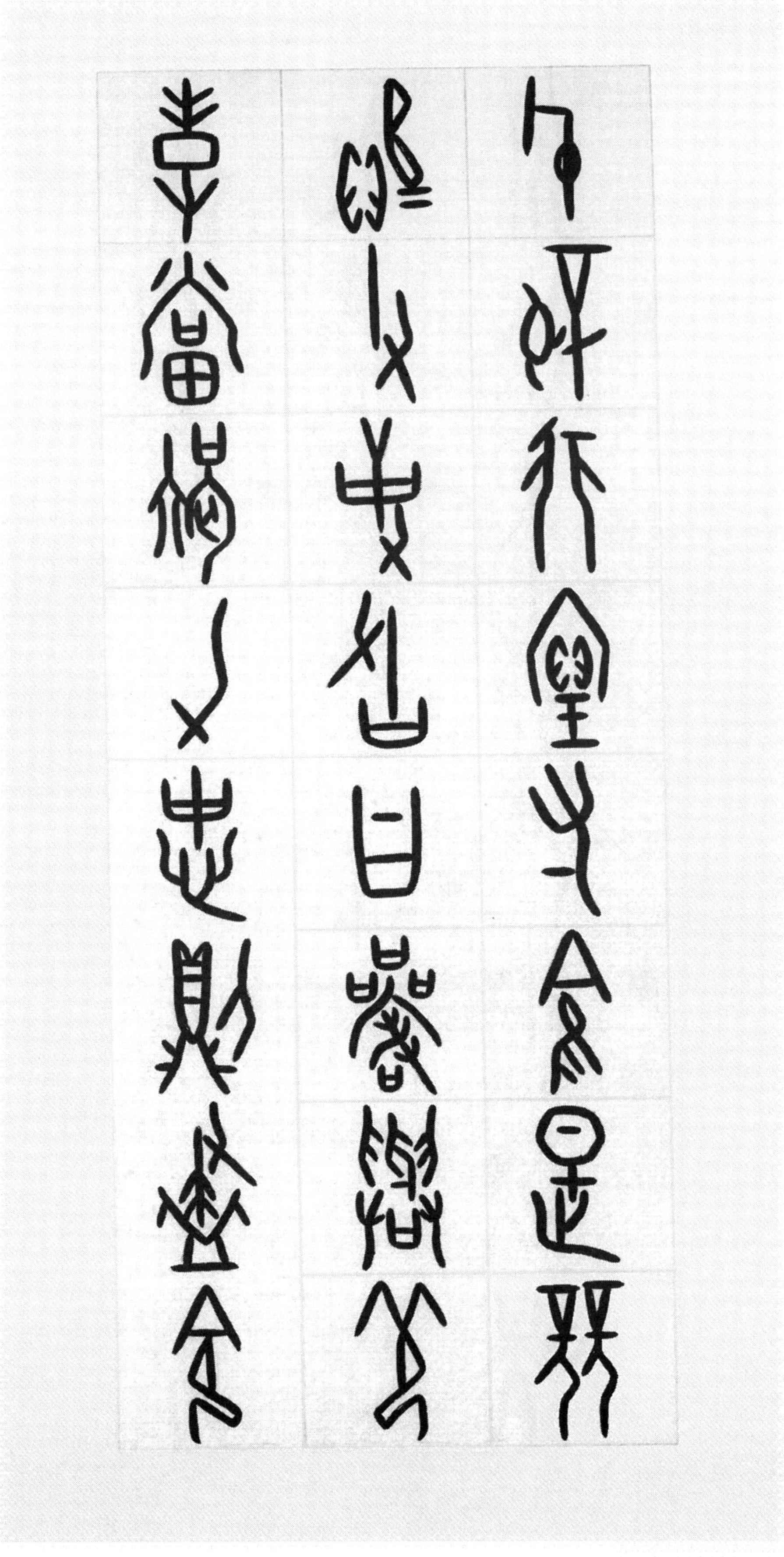

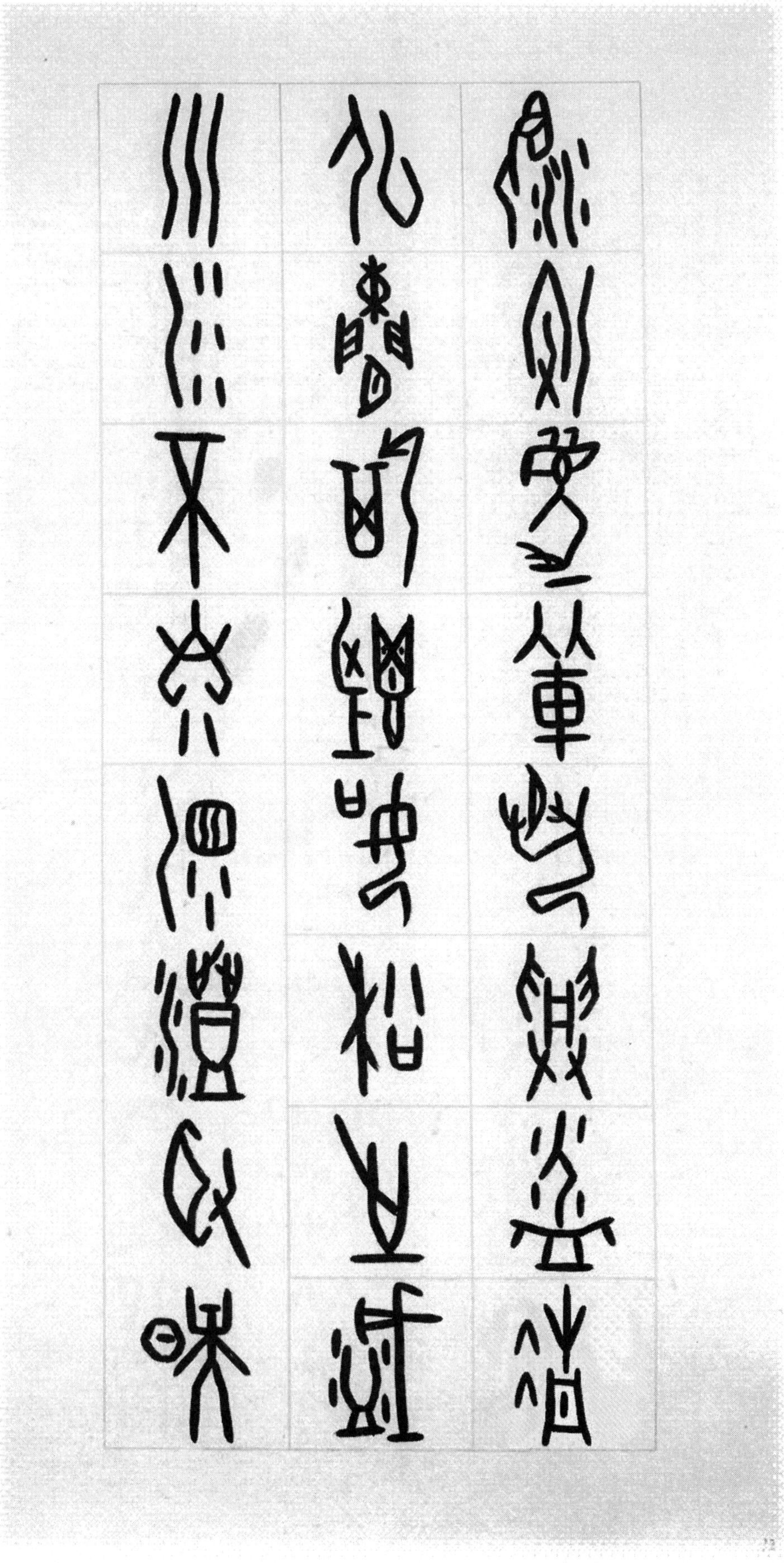

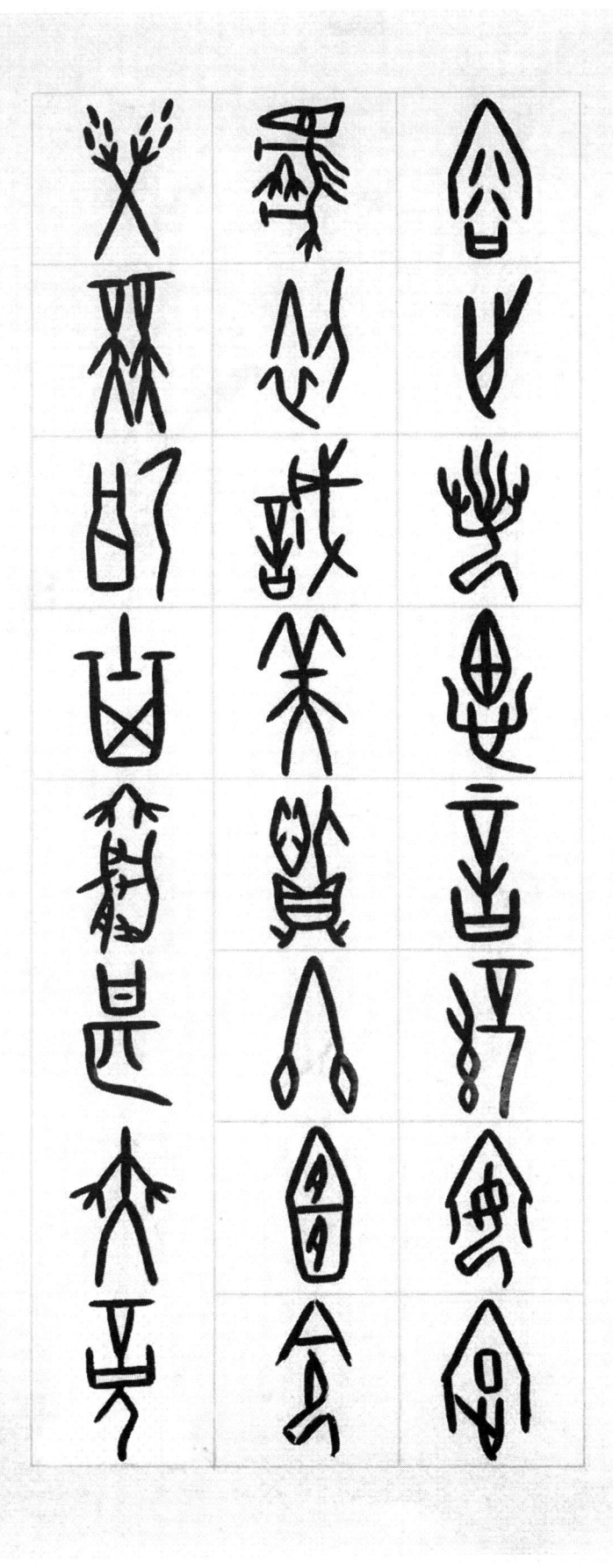

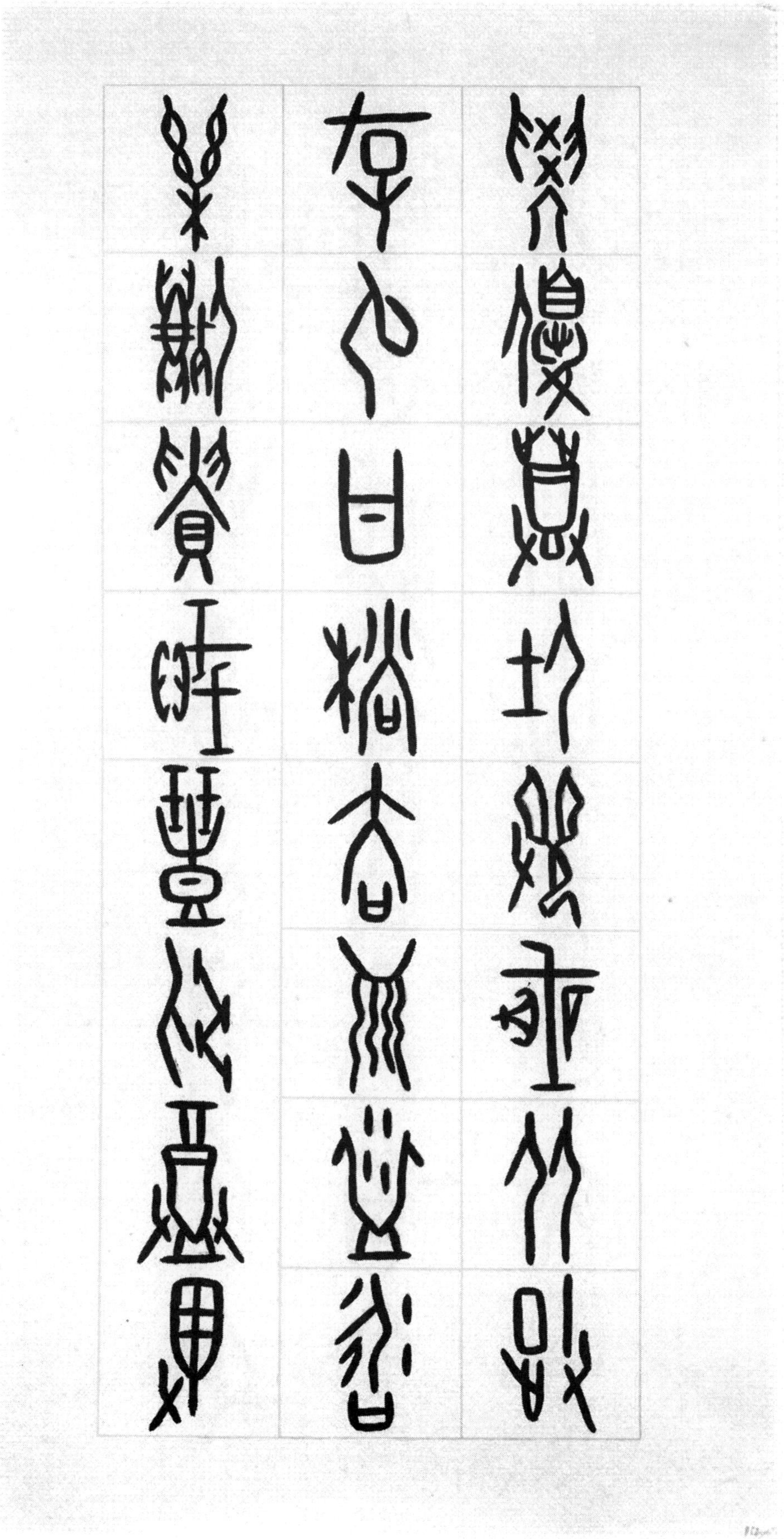

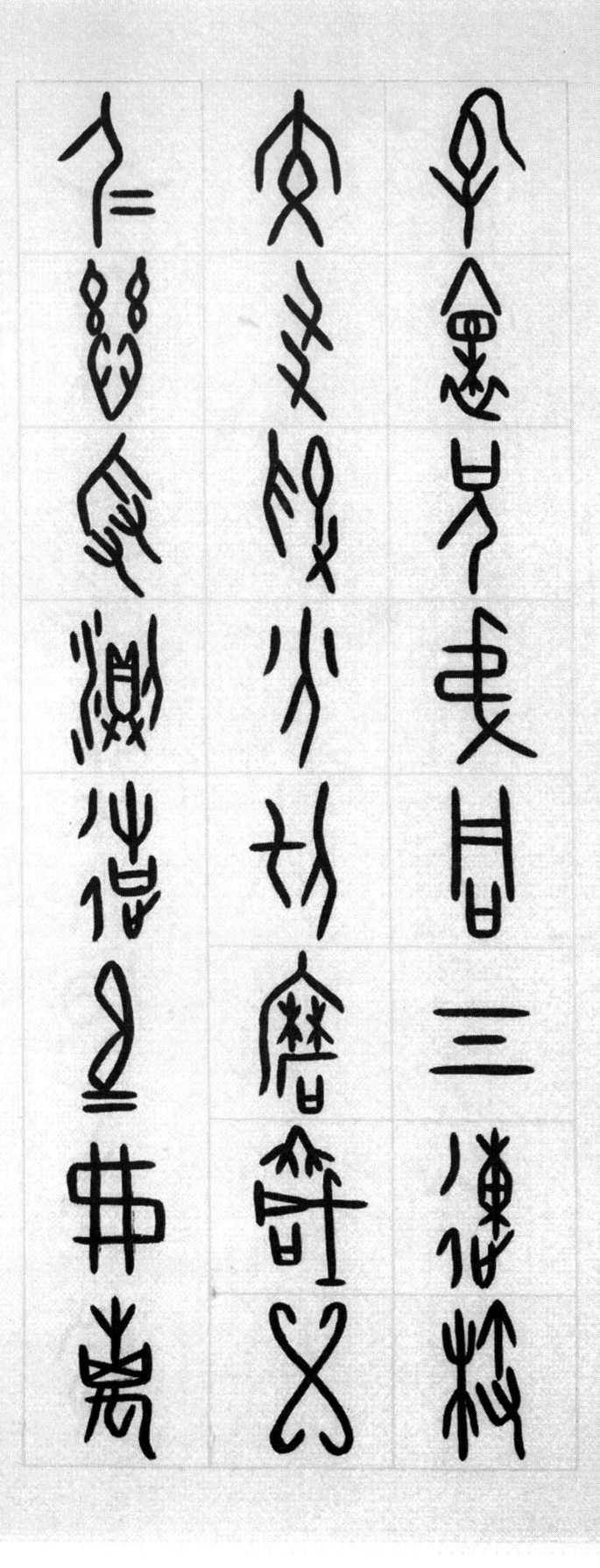

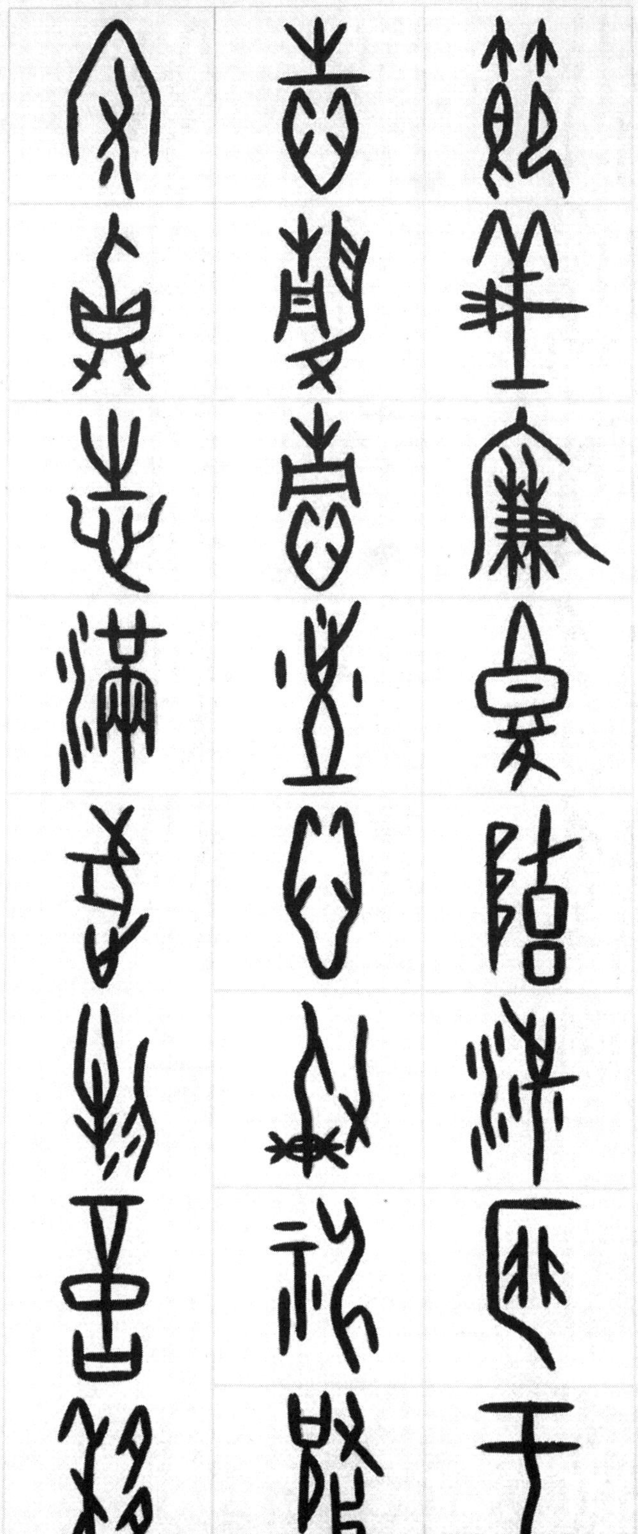

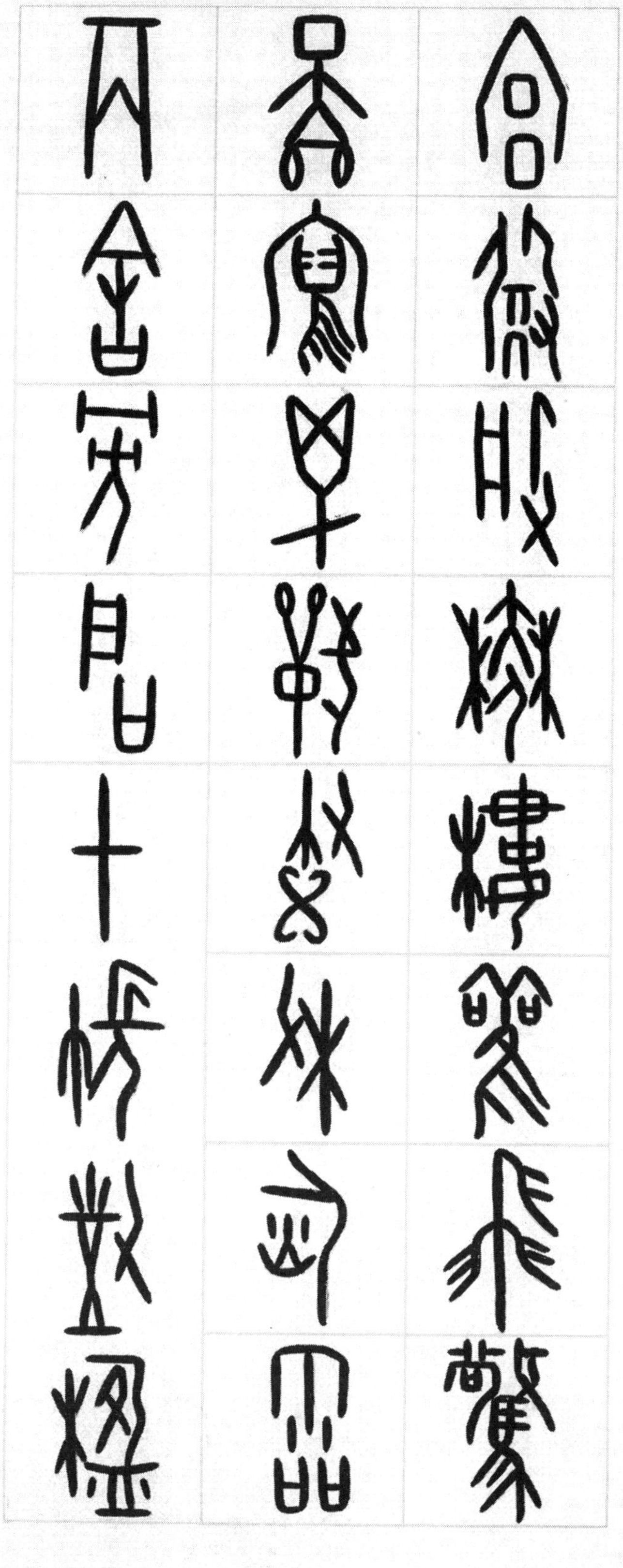

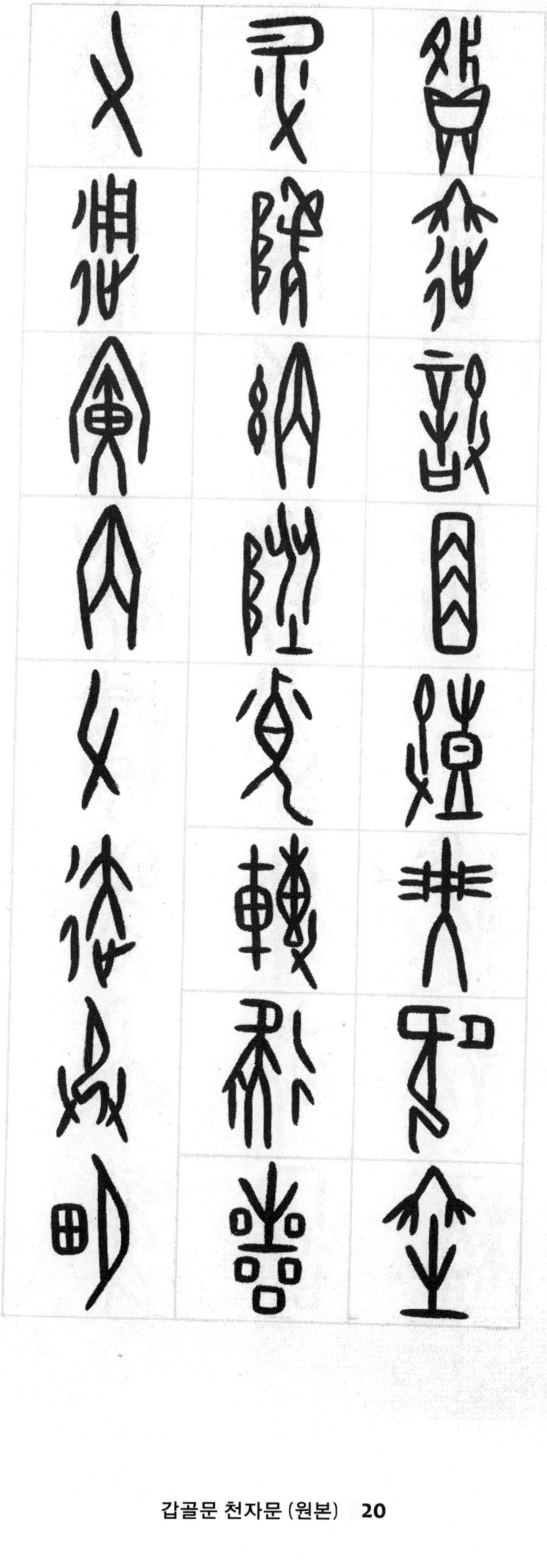

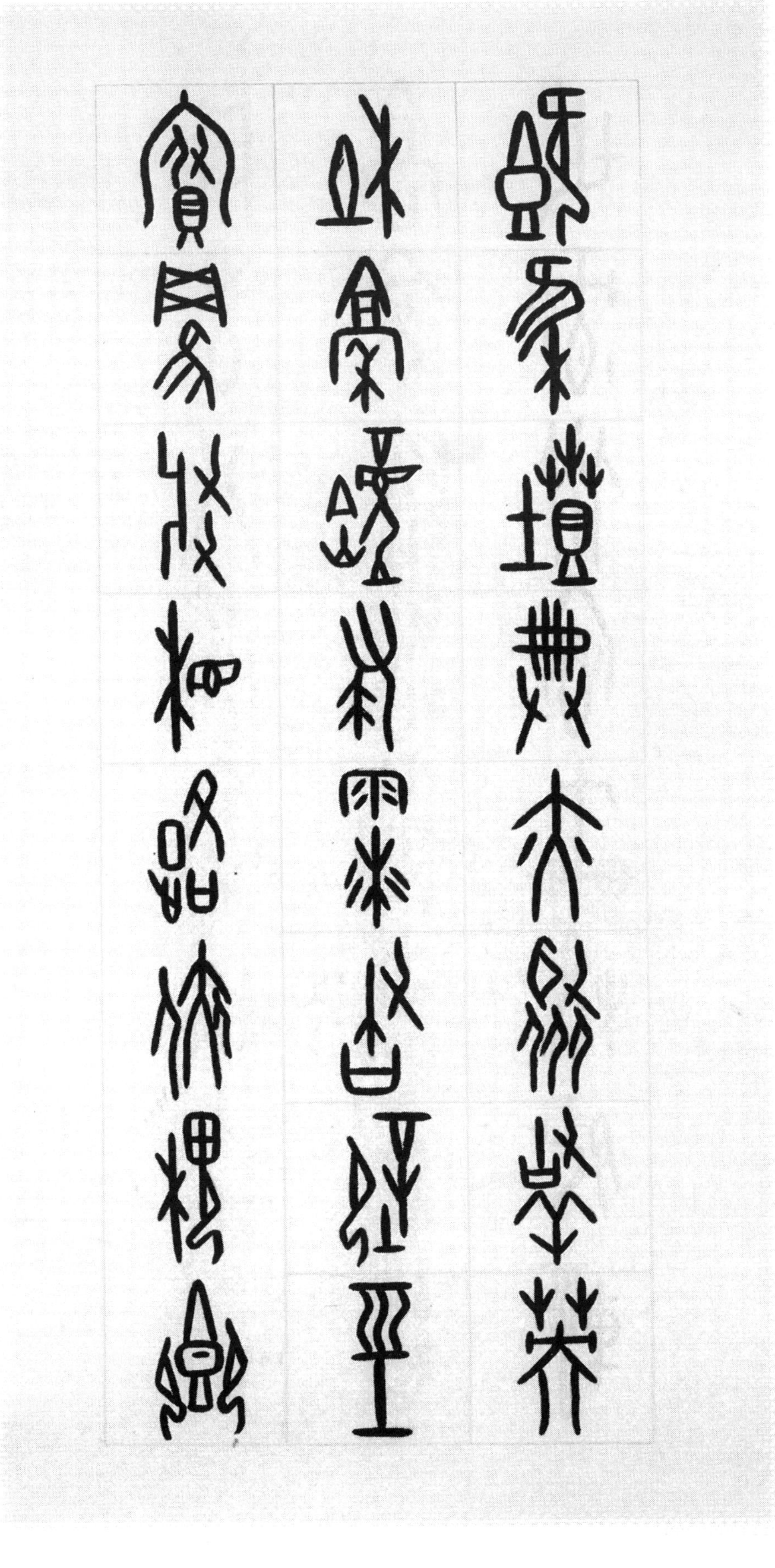

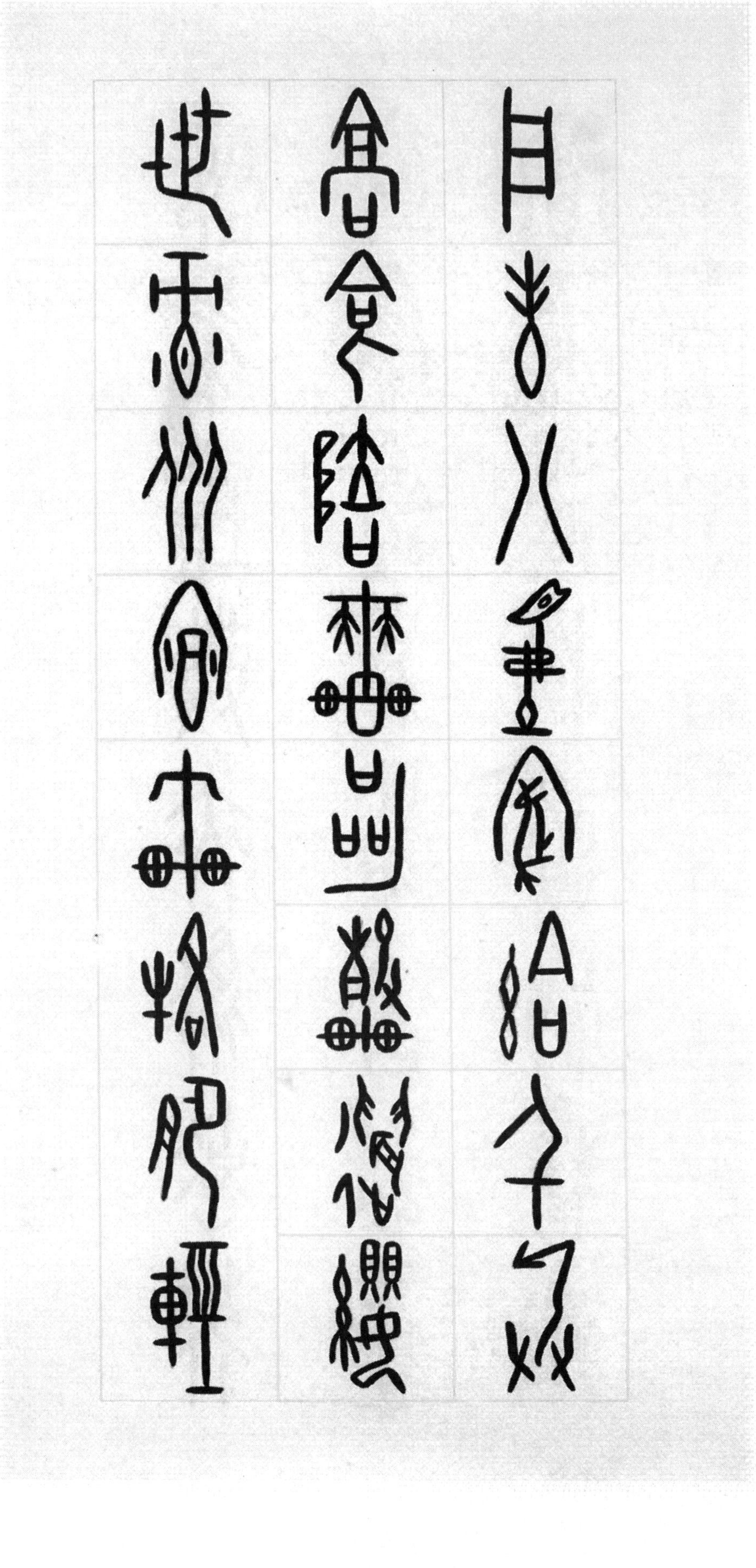

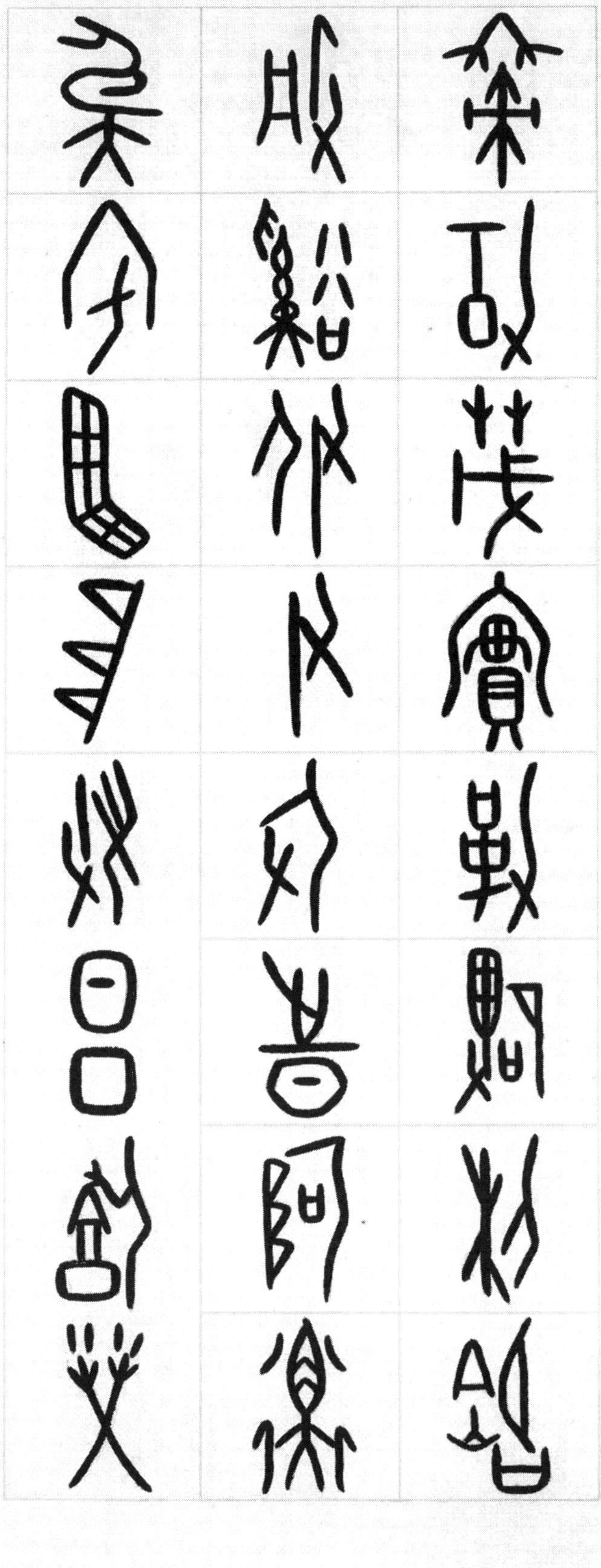

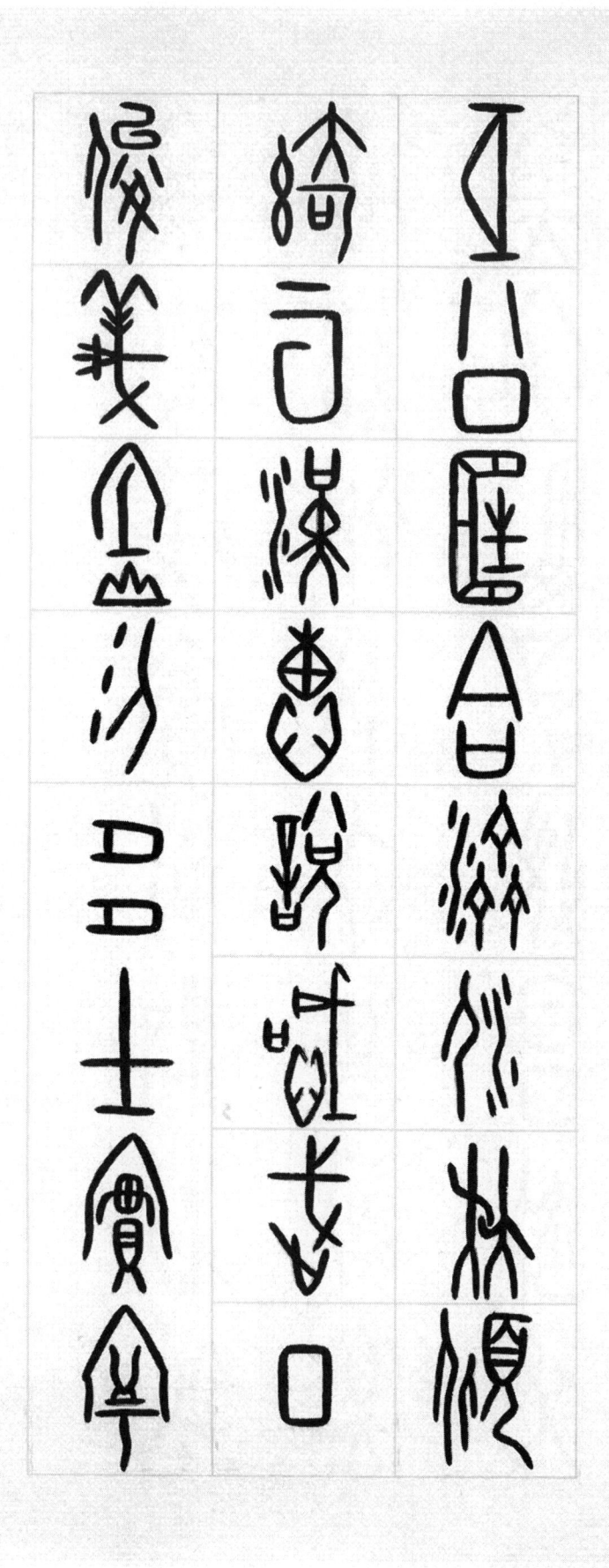

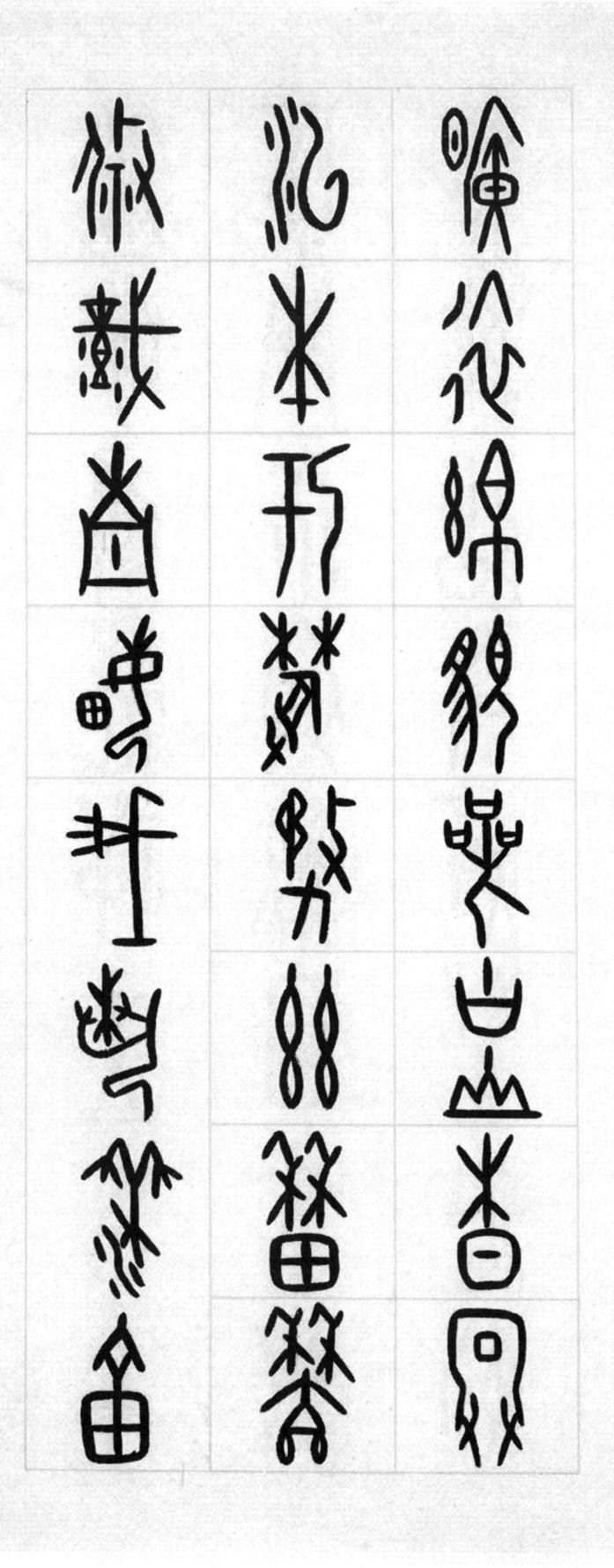

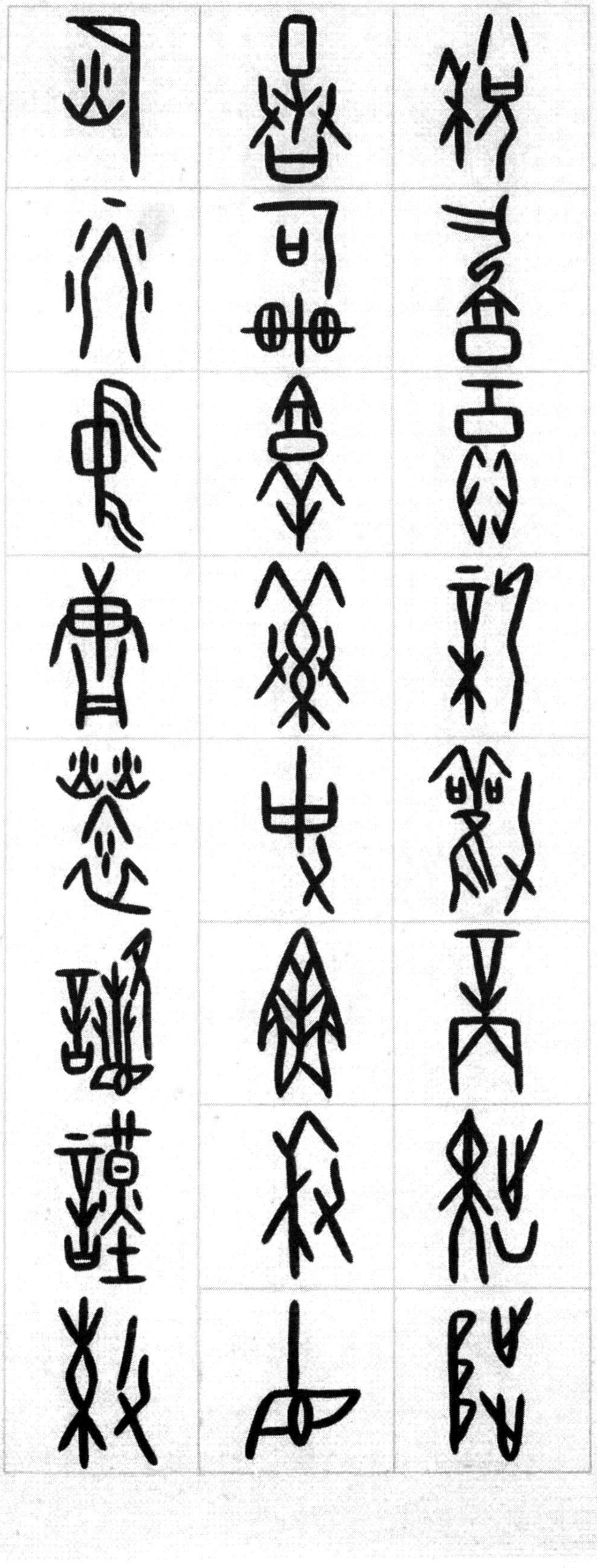

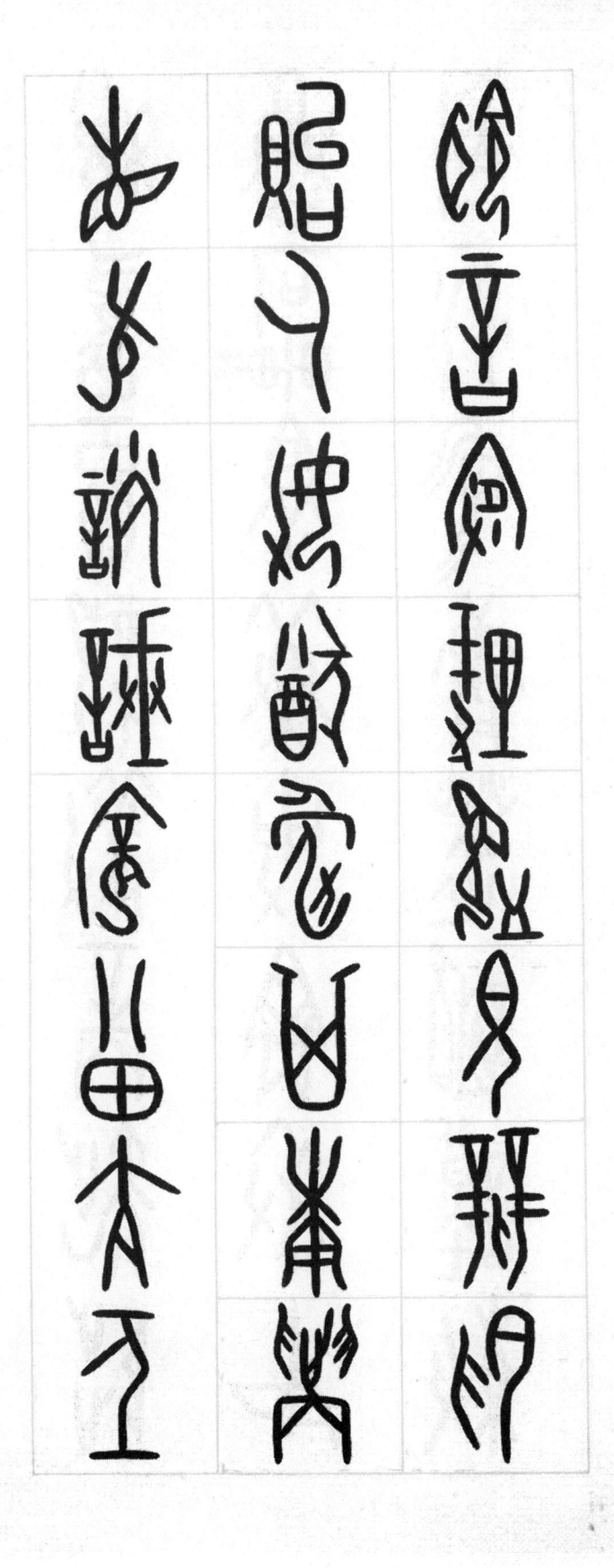

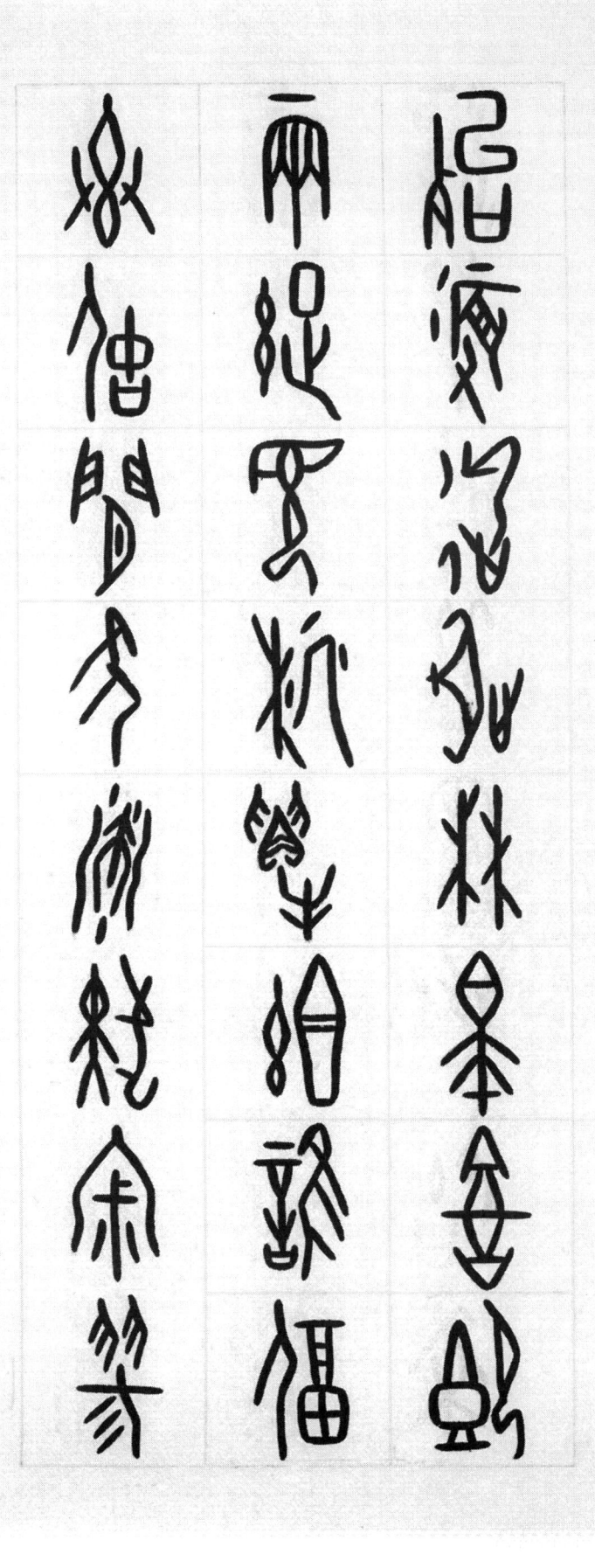

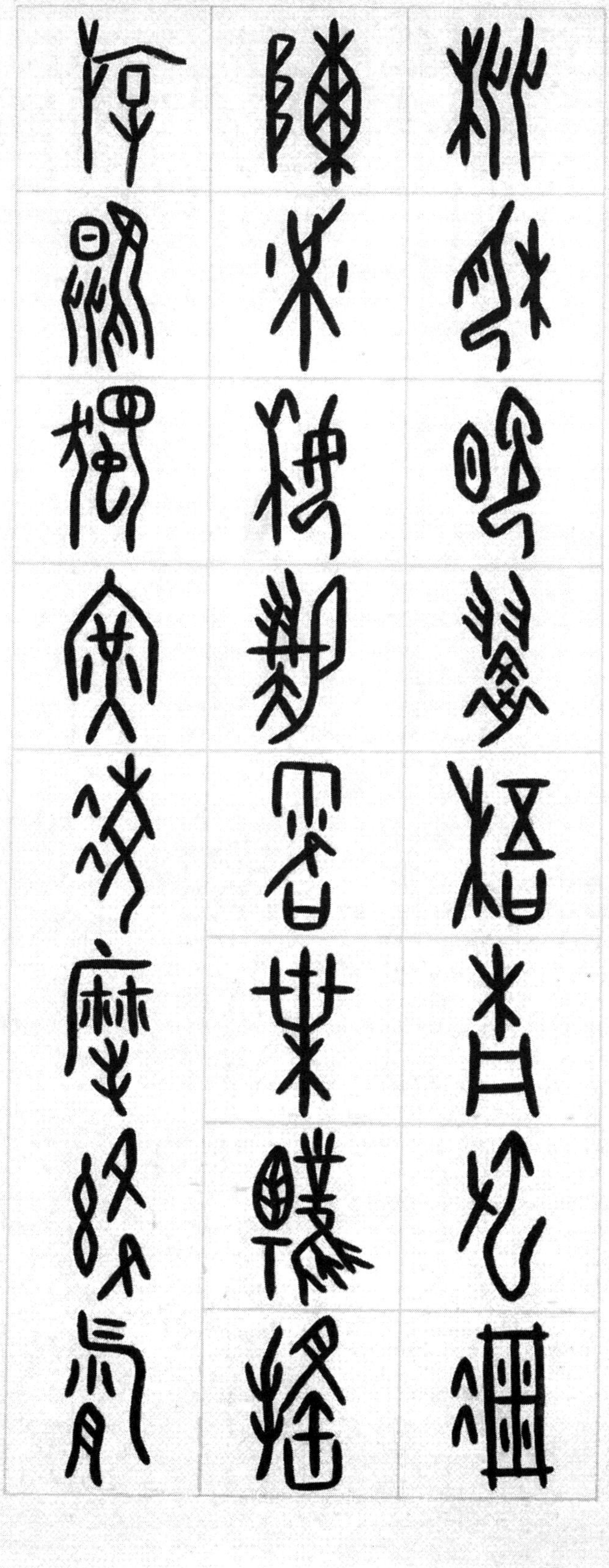

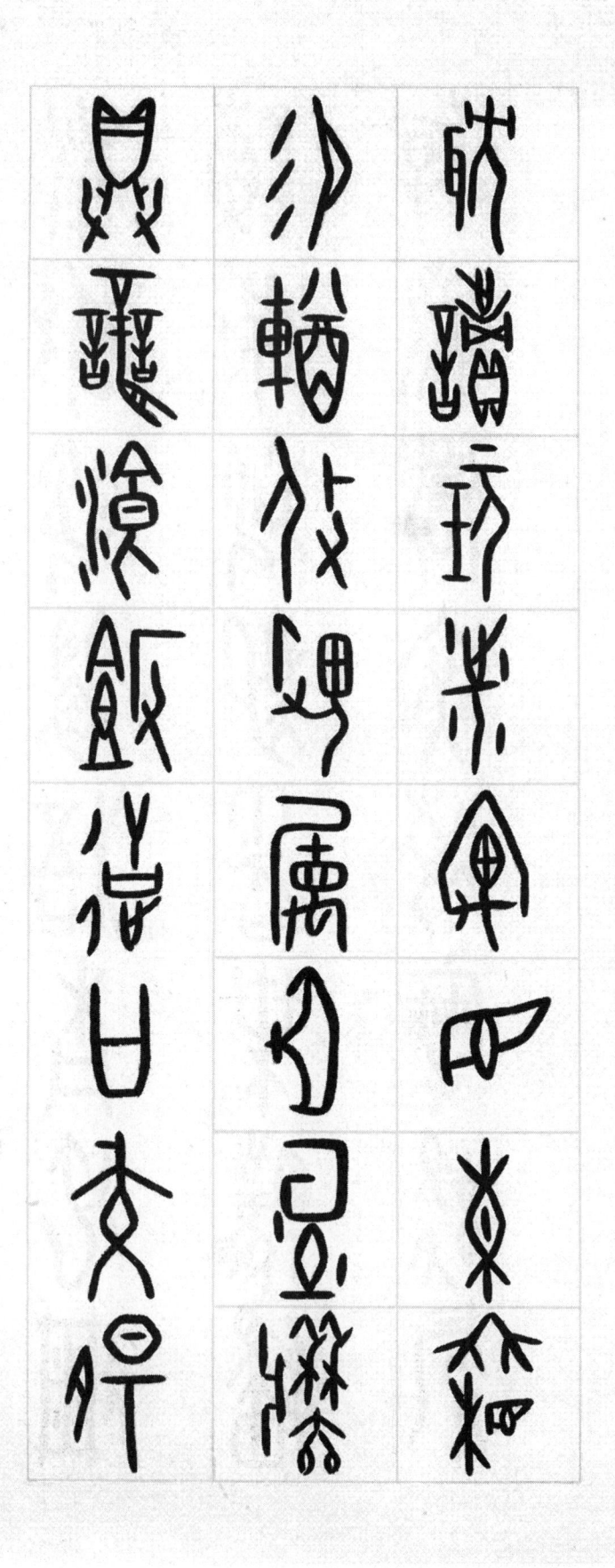

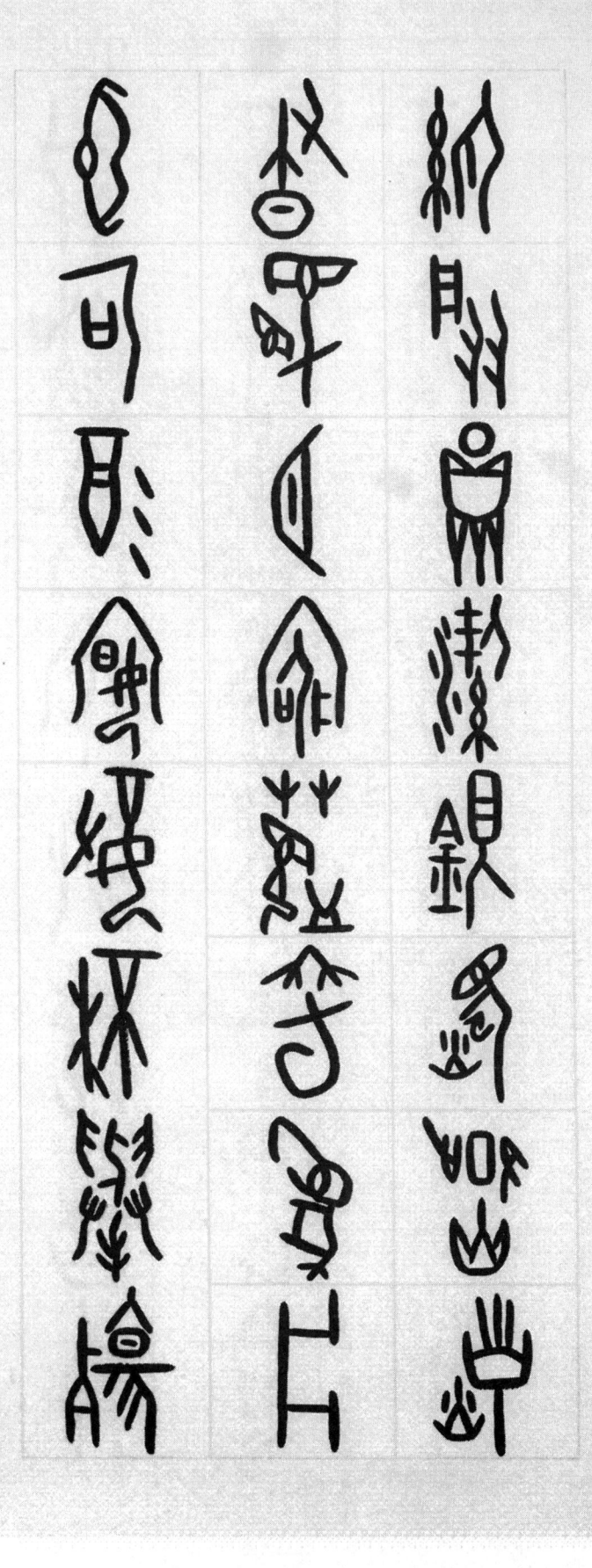

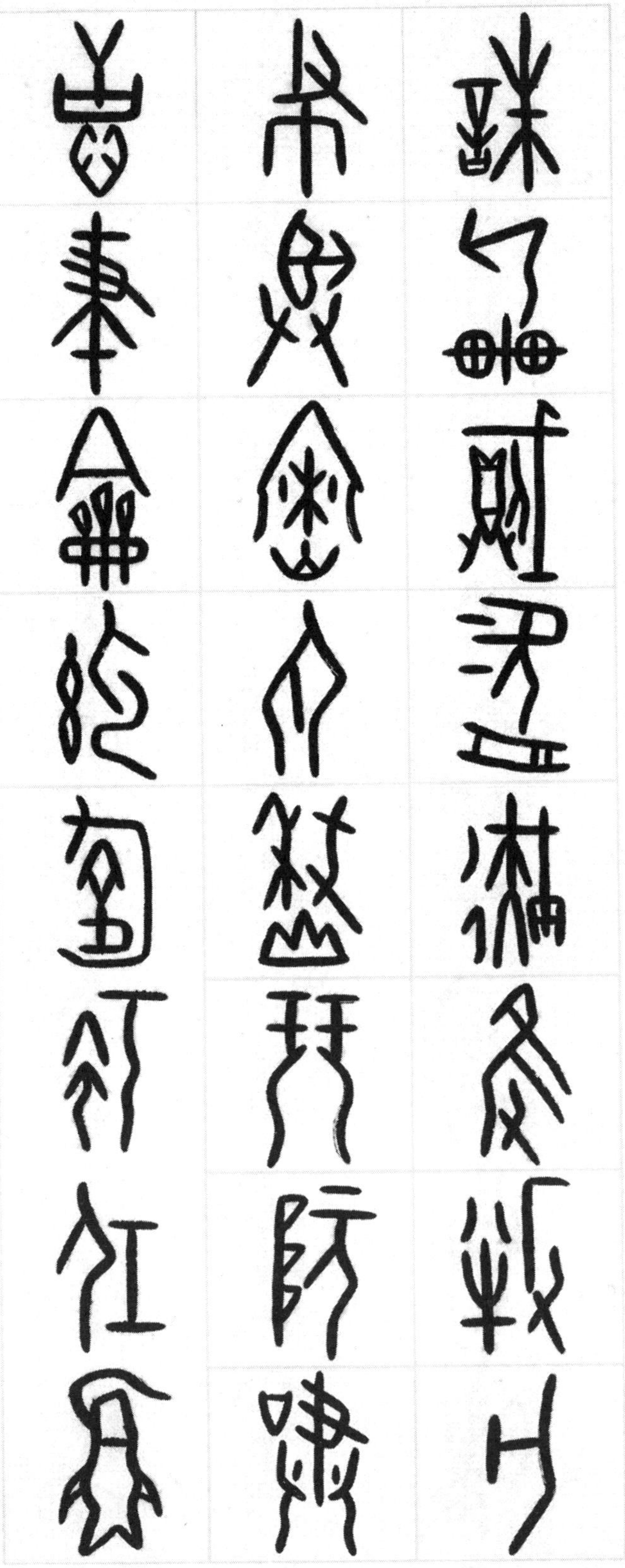

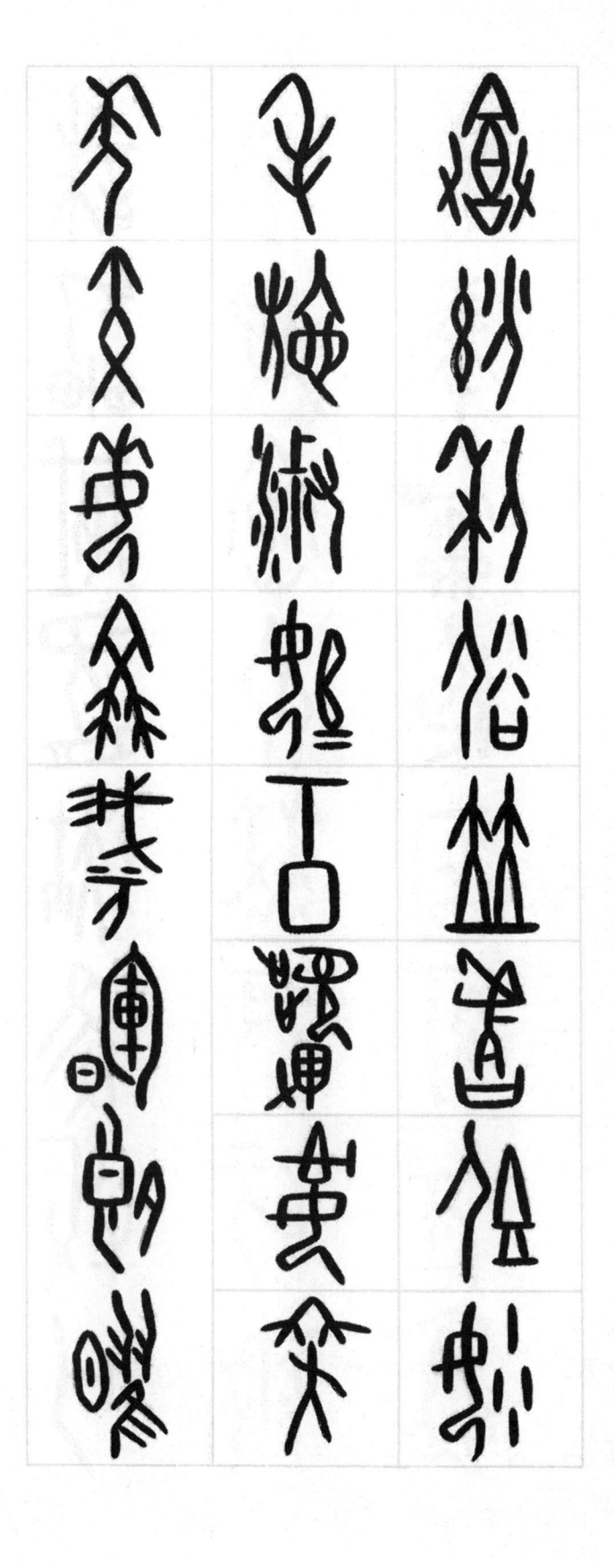

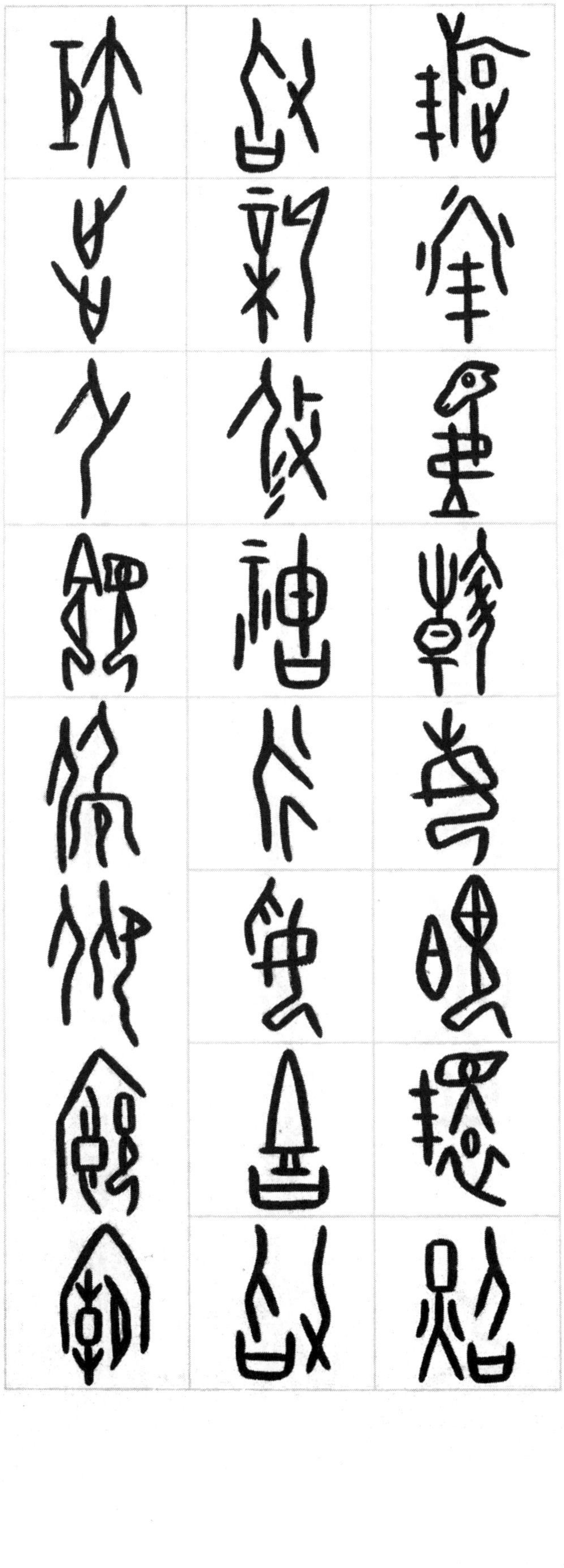

# 문학분야 기고문(학자 견해)

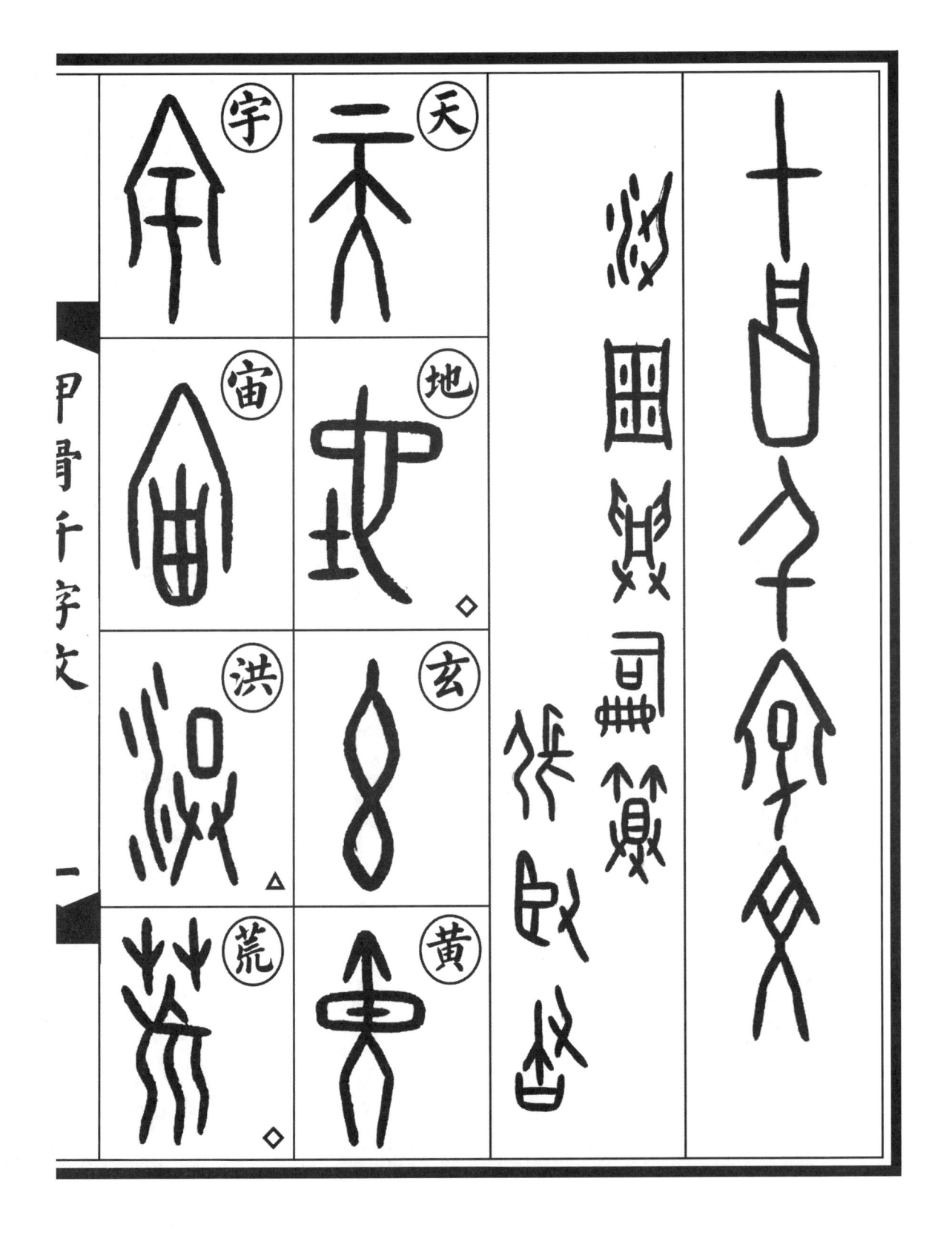

甲骨千字文

| 天 | 宇 |
|---|---|
| 地 | 宙 |
| 玄 | 洪 |
| 黄 | 荒 |

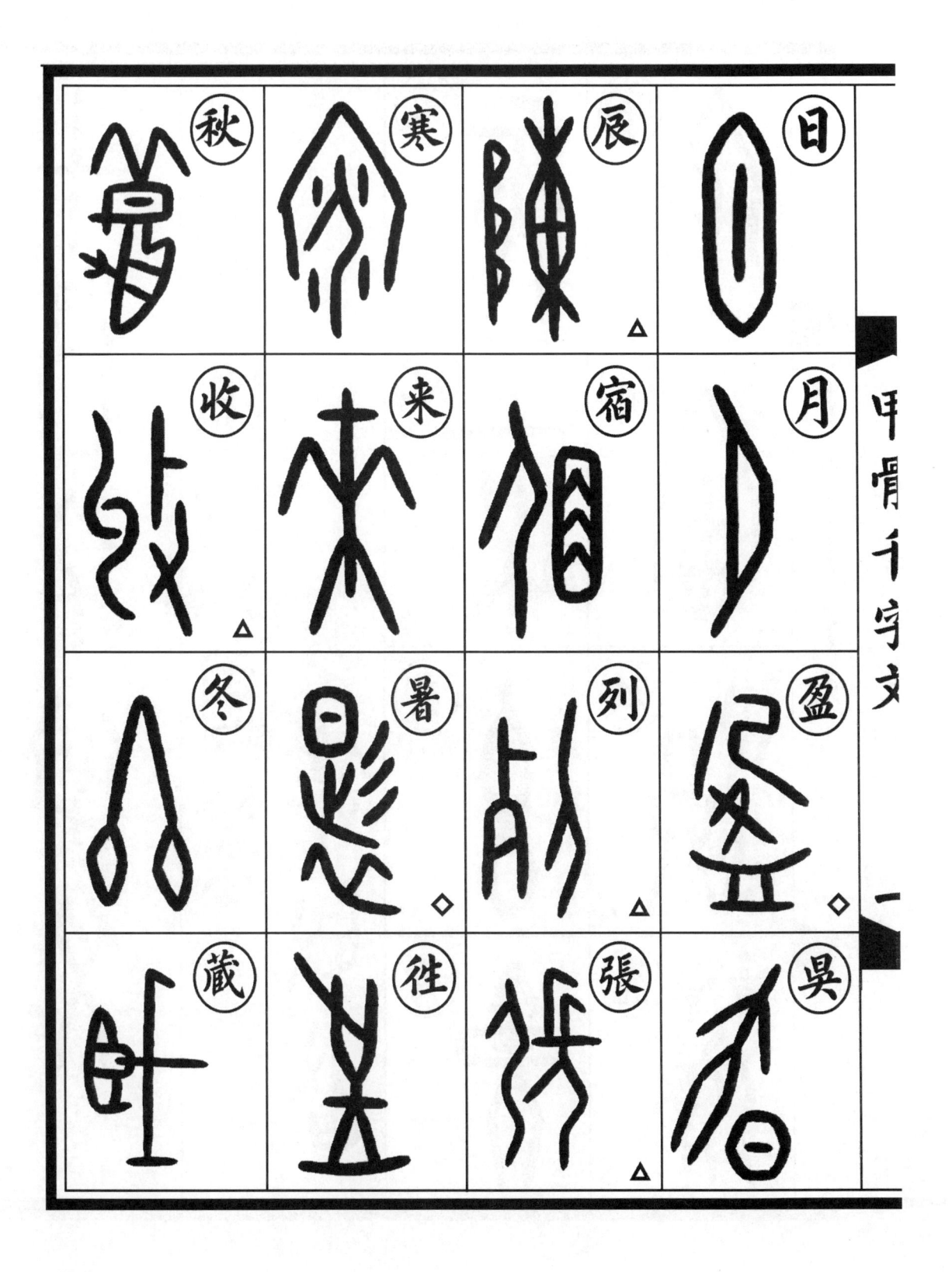

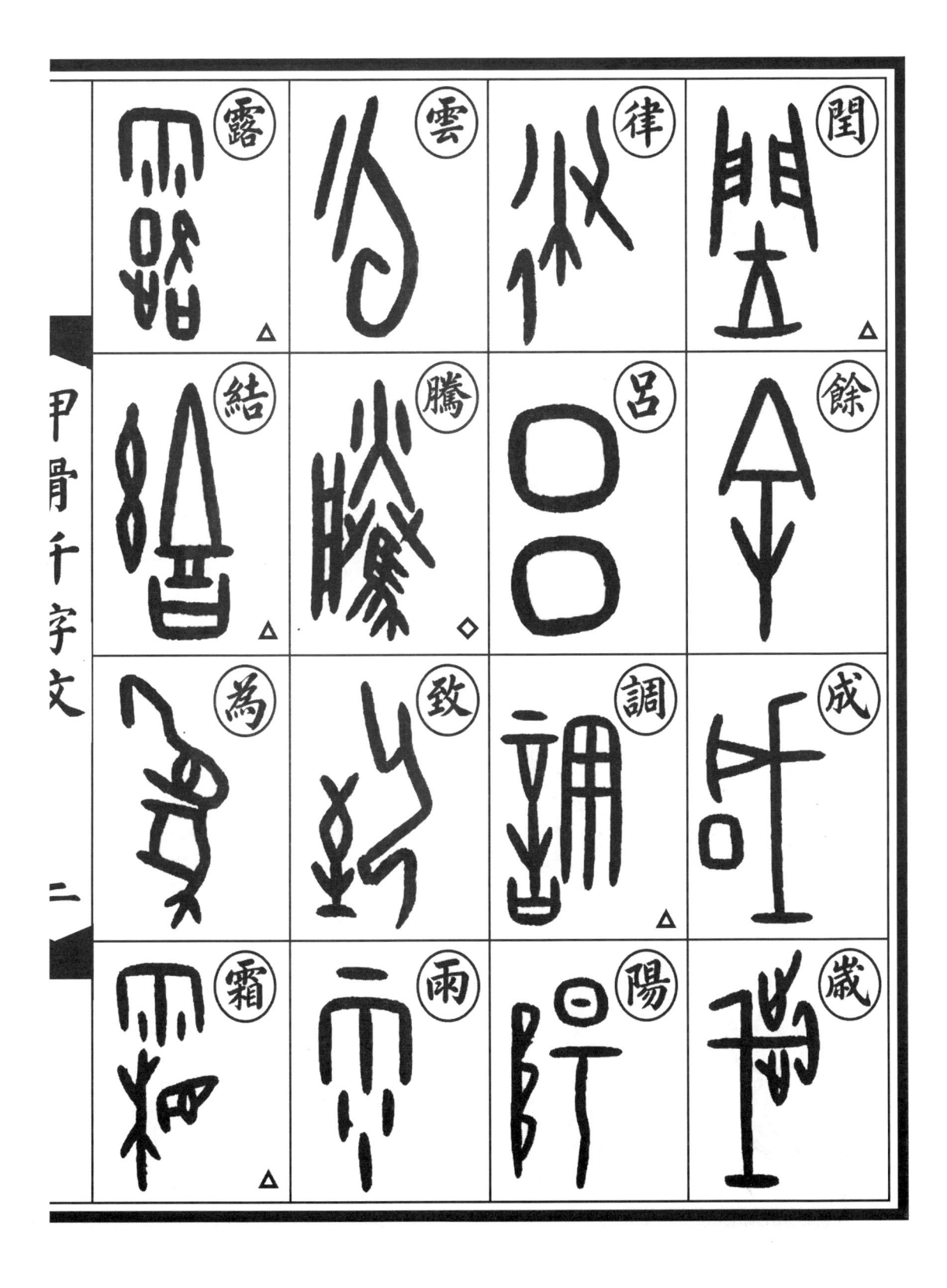

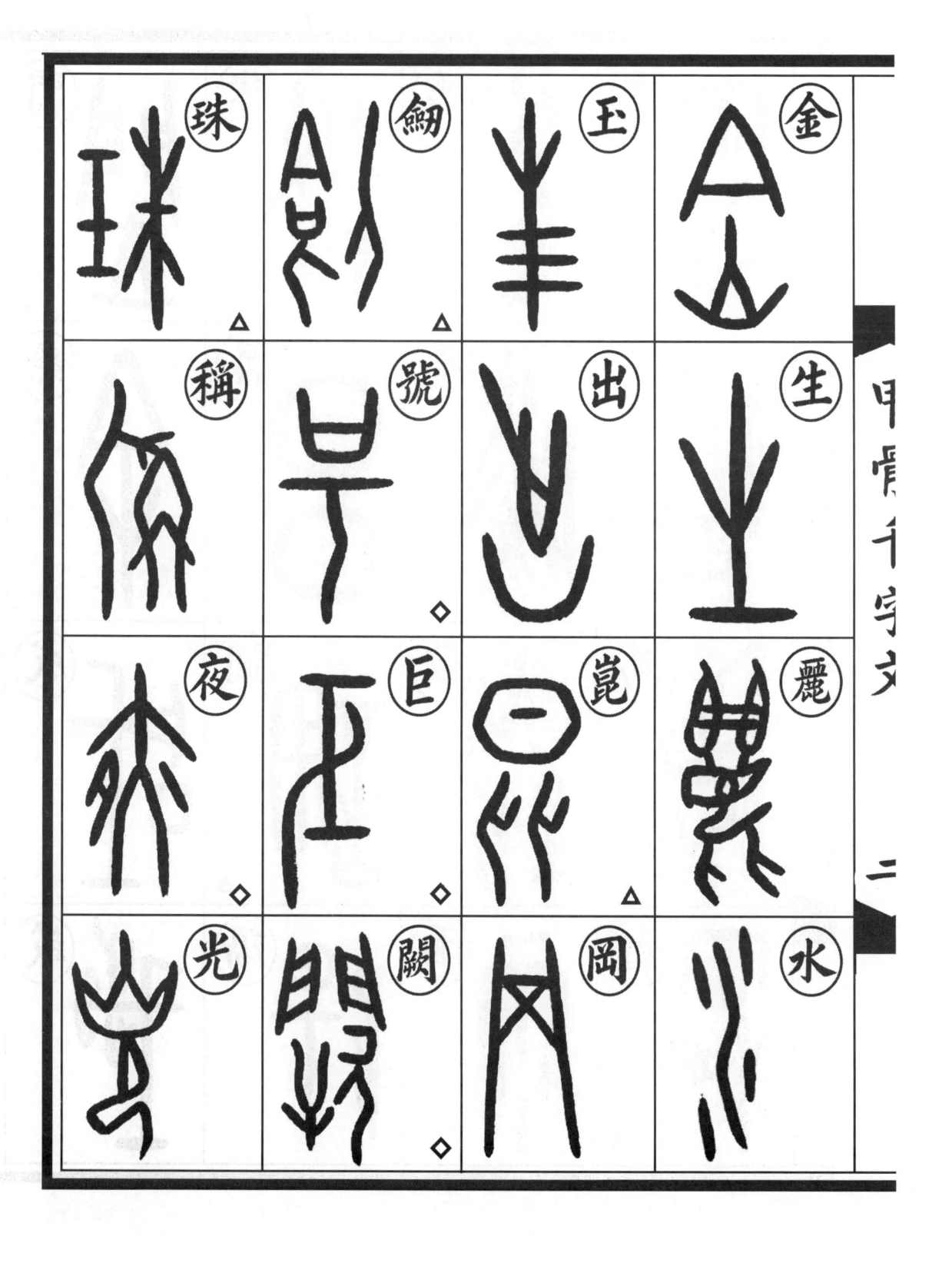

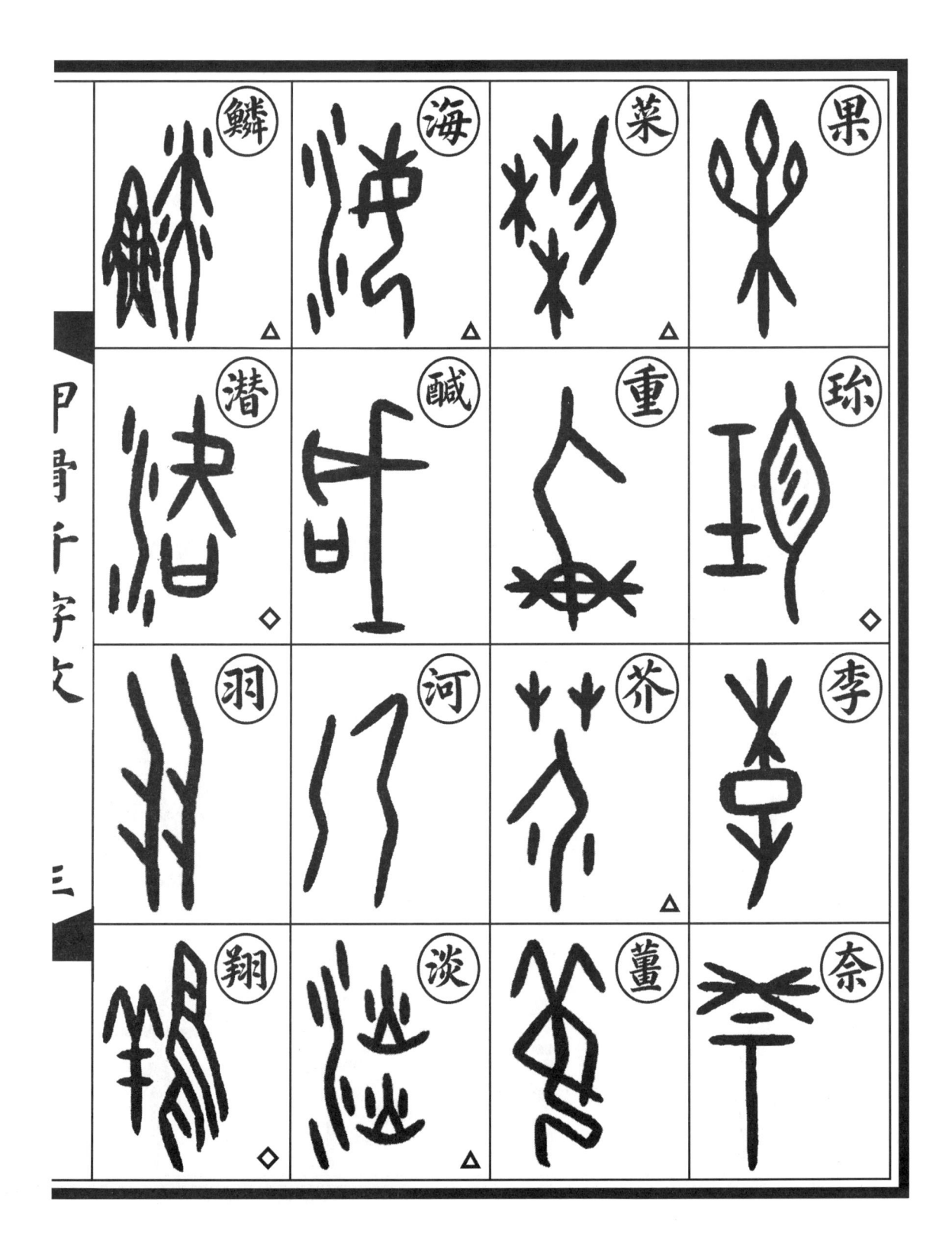

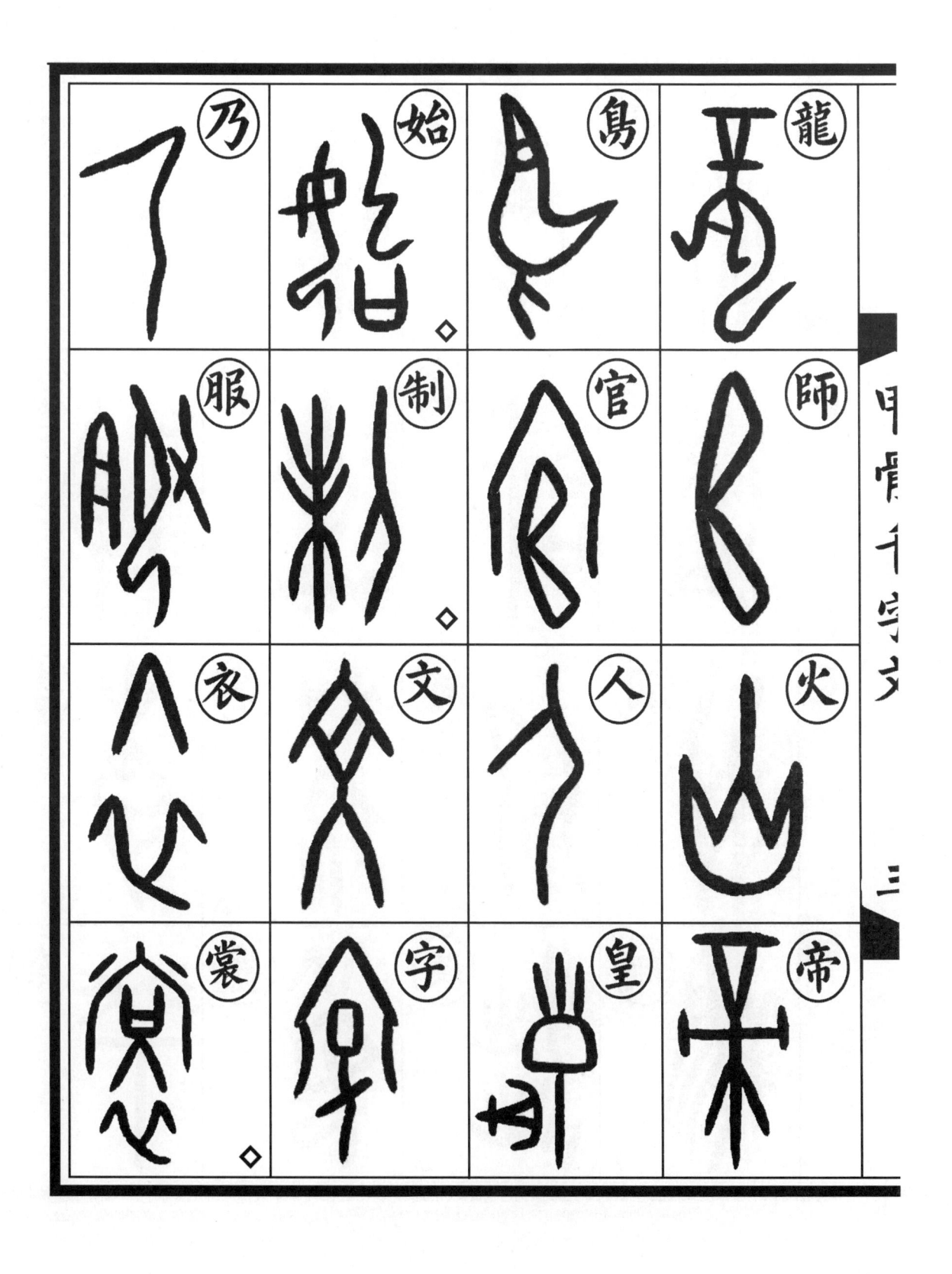

| 乃 | 始 | 鳥 | 龍 |
|---|---|---|---|
| 服 | 制 | 官 | 師 |
| 衣 | 文 | 人 | 火 |
| 裳 | 字 | 皇 | 帝 |

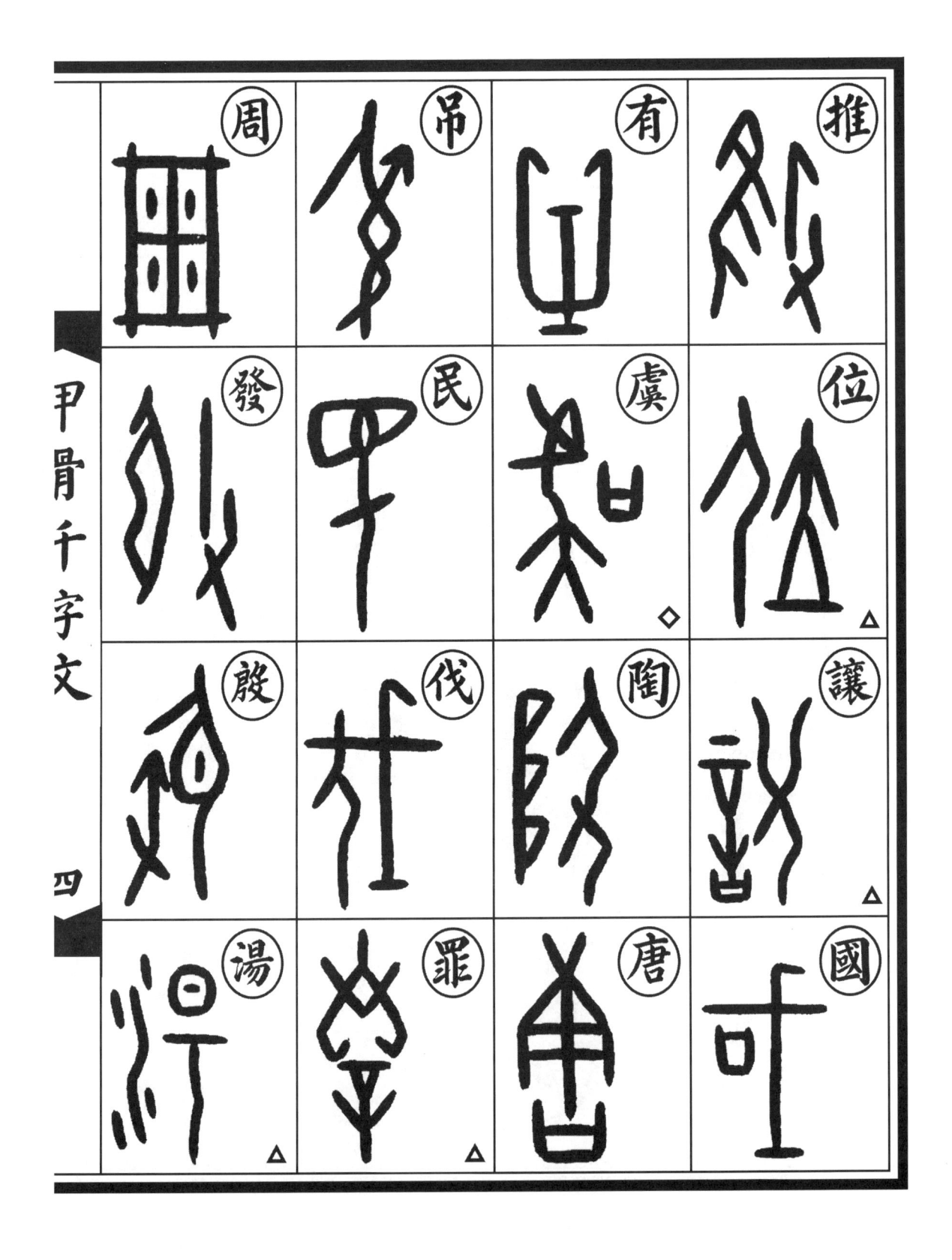

甲骨千字文

四

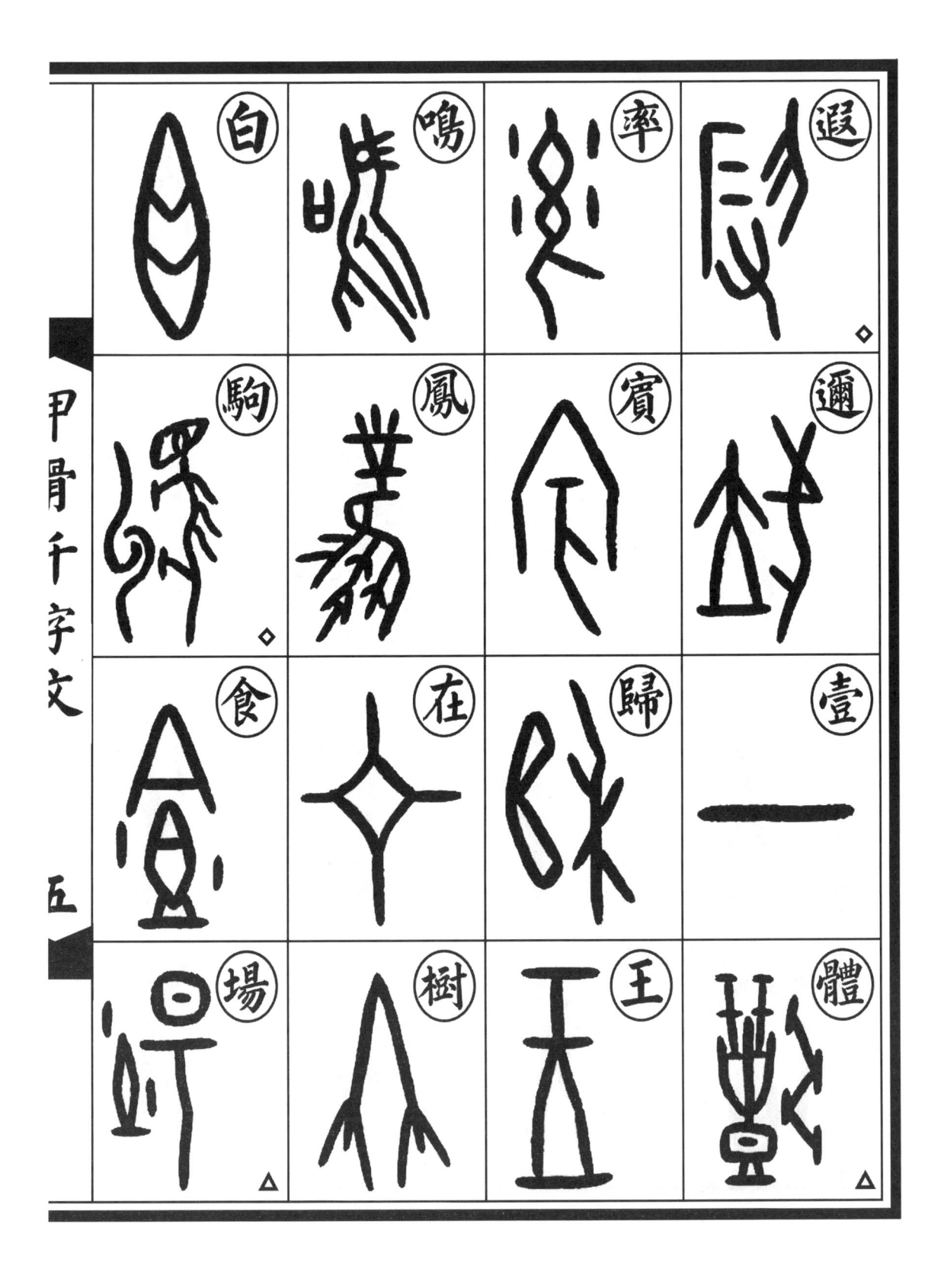

甲骨千字文

五

| 白 | 鳴 | 率 | 邀 |
| 駒 | 鳳 | 實 | 邇 |
| 食 | 在 | 歸 | 壹 |
| 場 | 樹 | 王 | 體 |

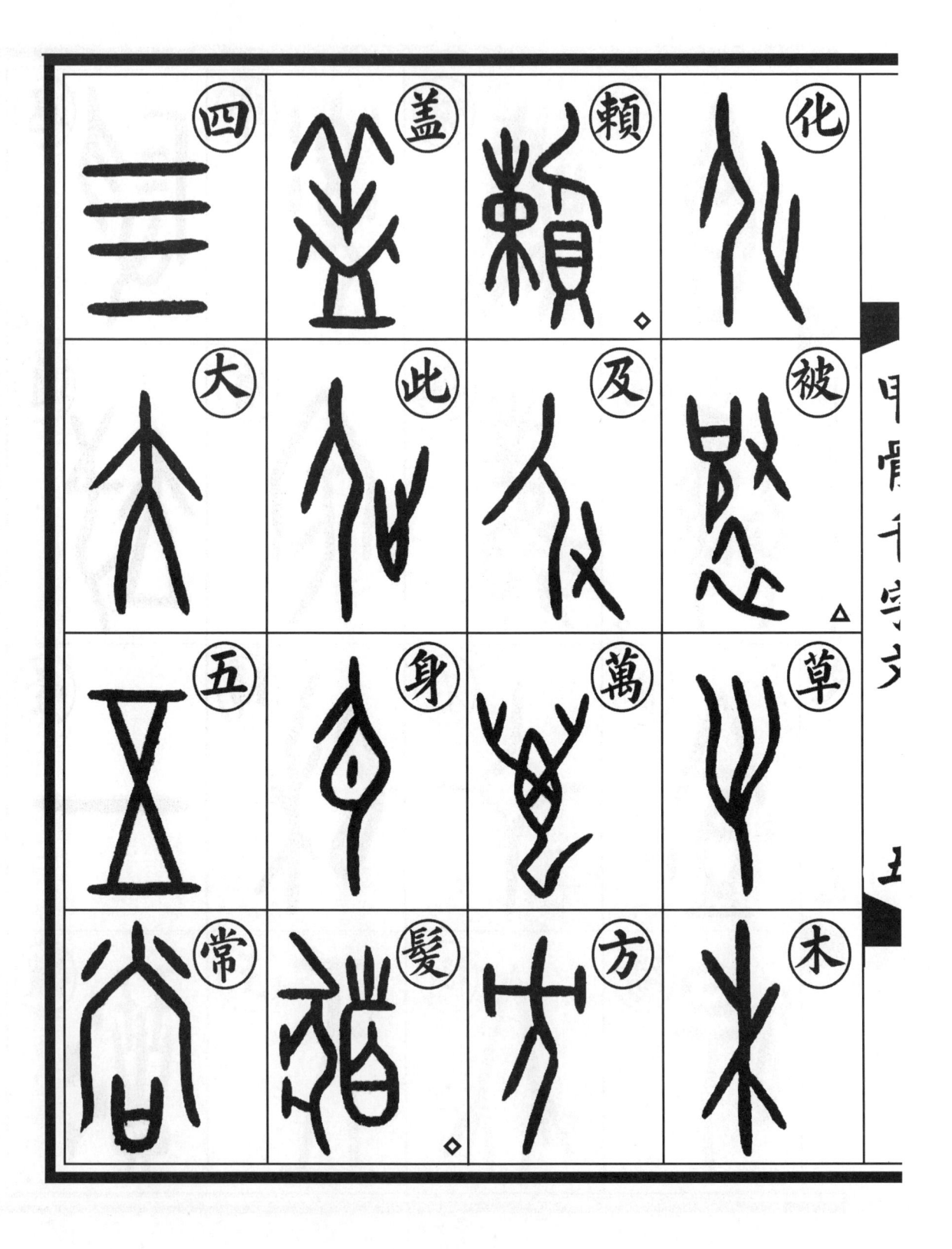

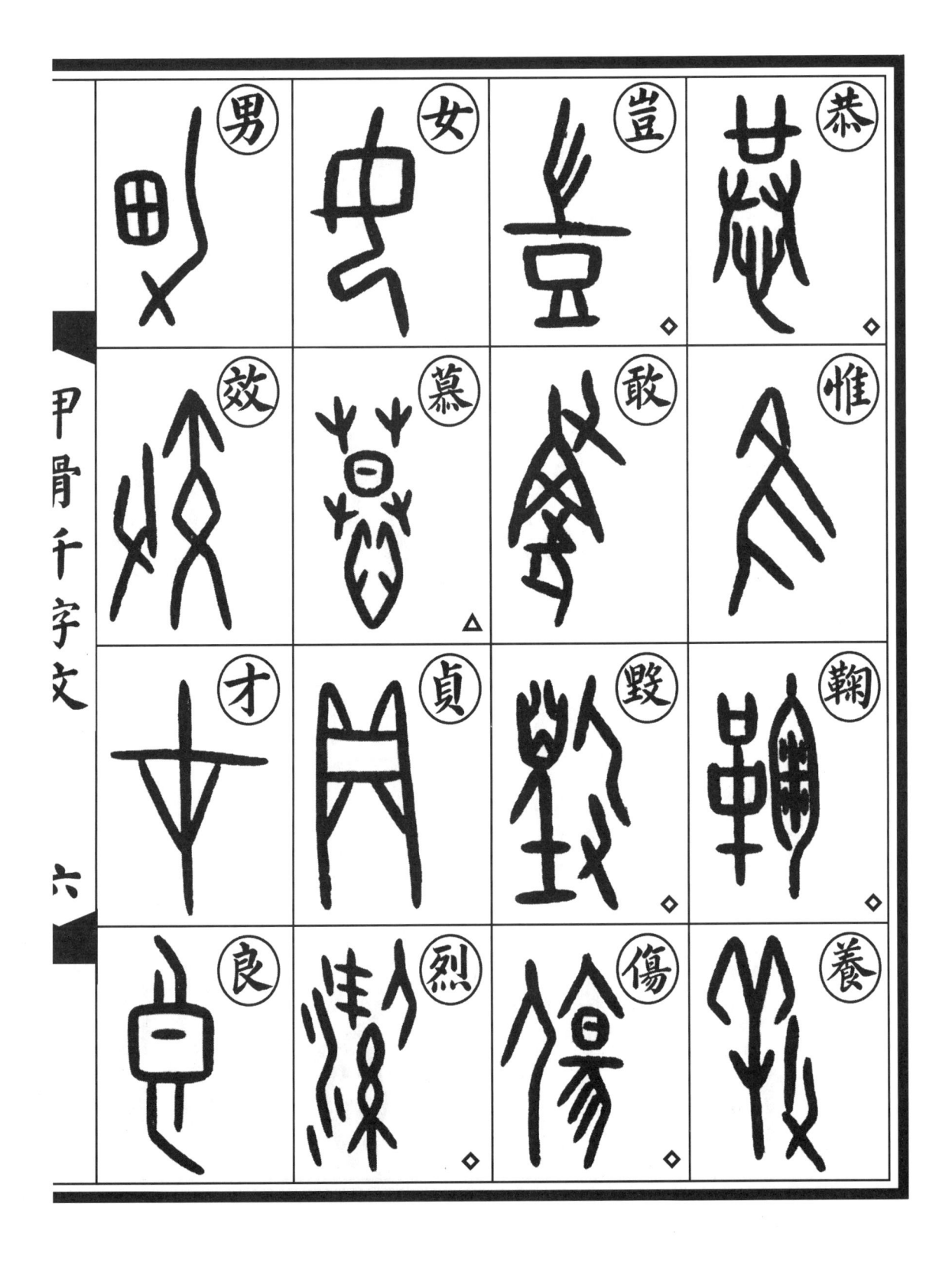

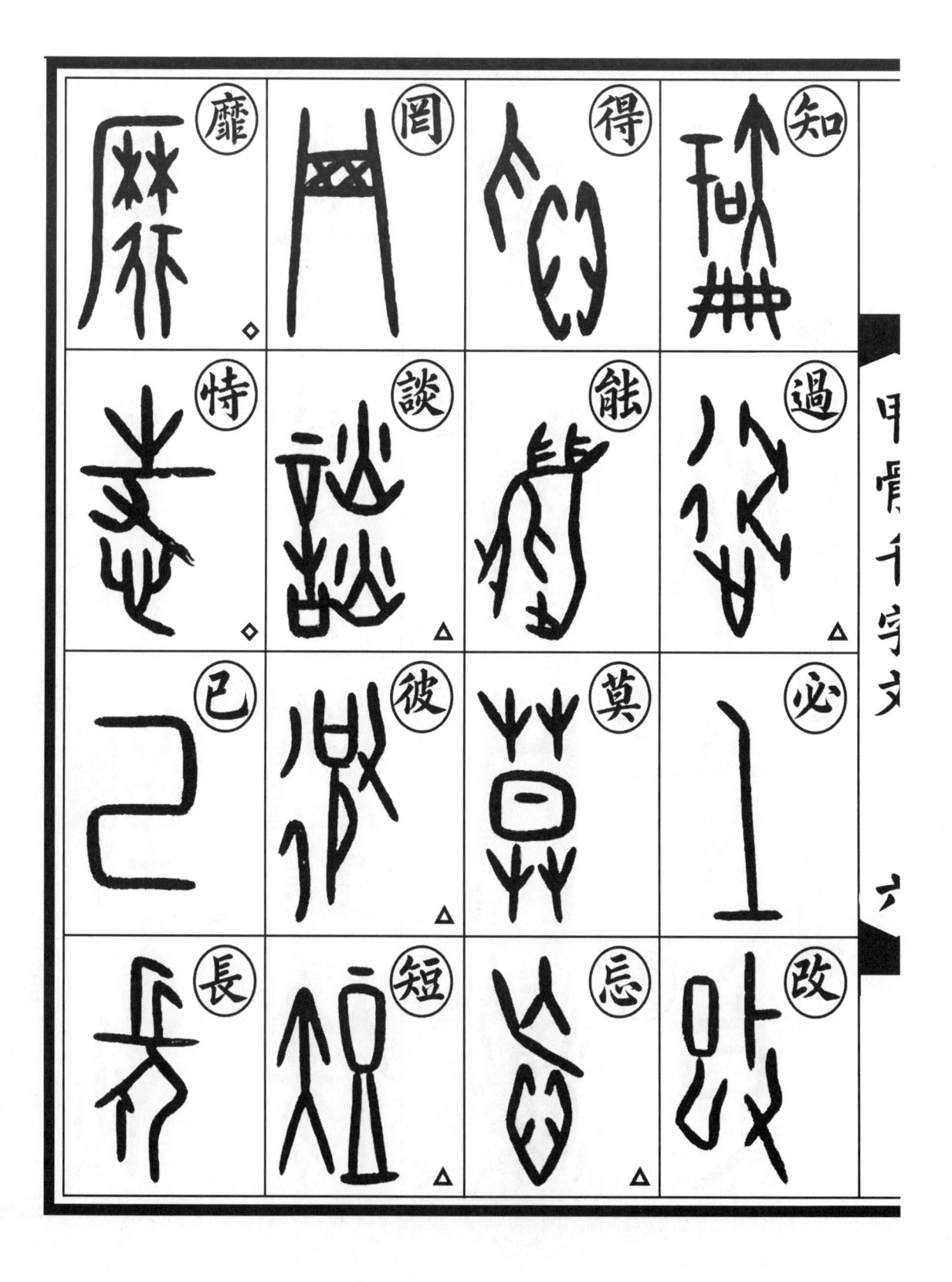

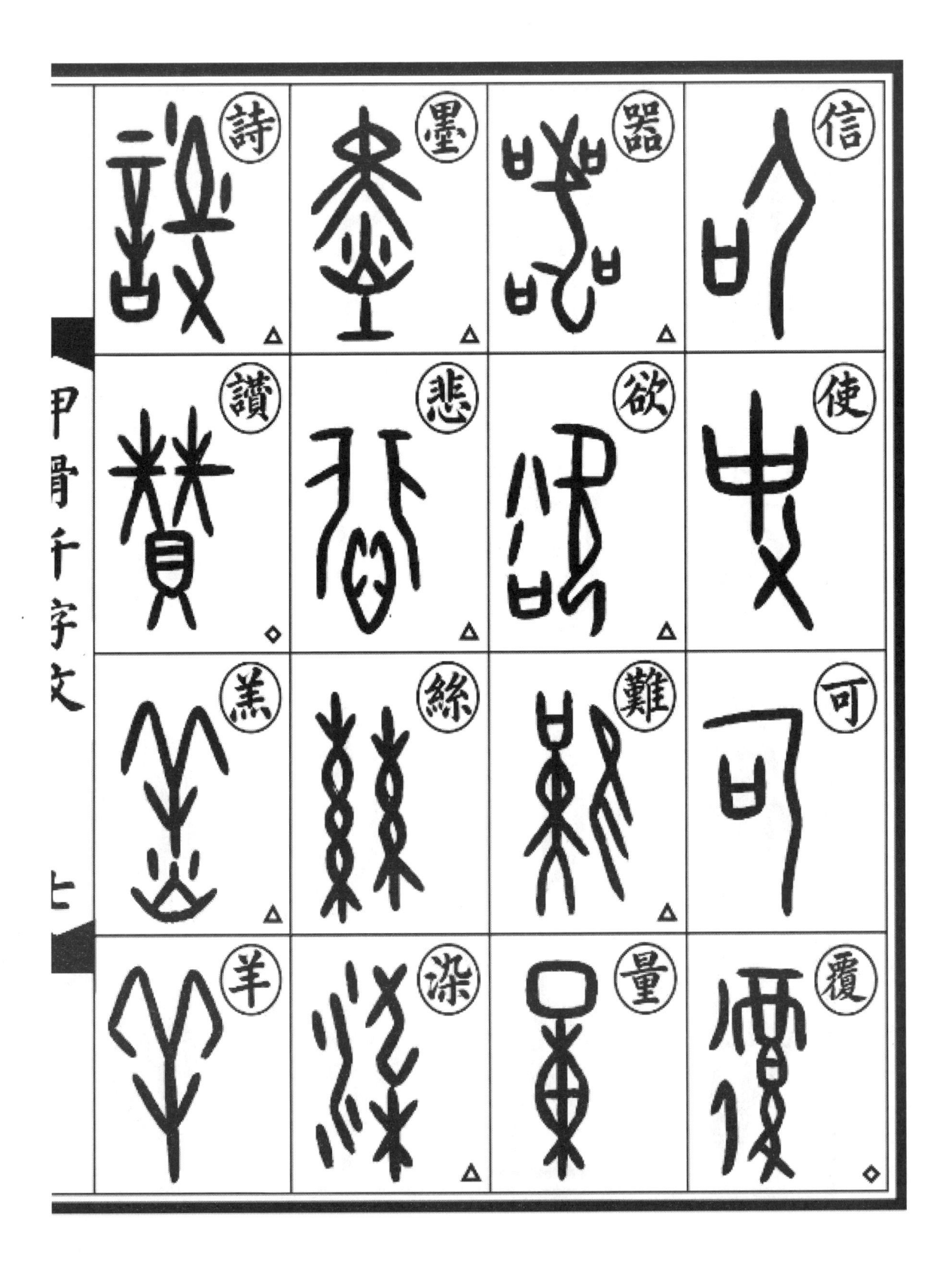

| | | | |
|---|---|---|---|
| 形 | 德 | 剋 | 景 |
| 端 | 建 | 念 | 行 |
| 表 | 名 | 作 | 維 |
| 正 | 立 | 聖 | 賢 |

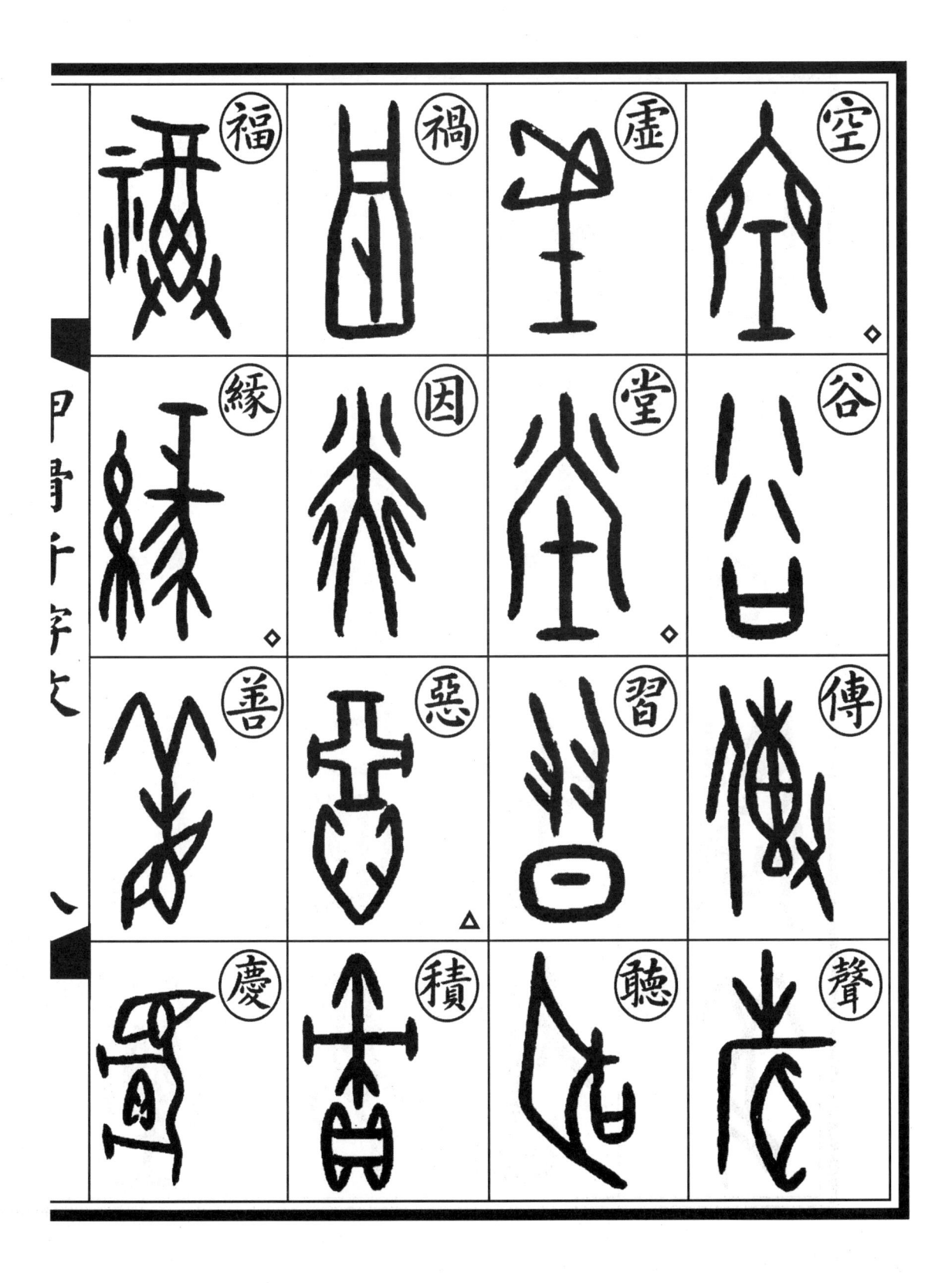

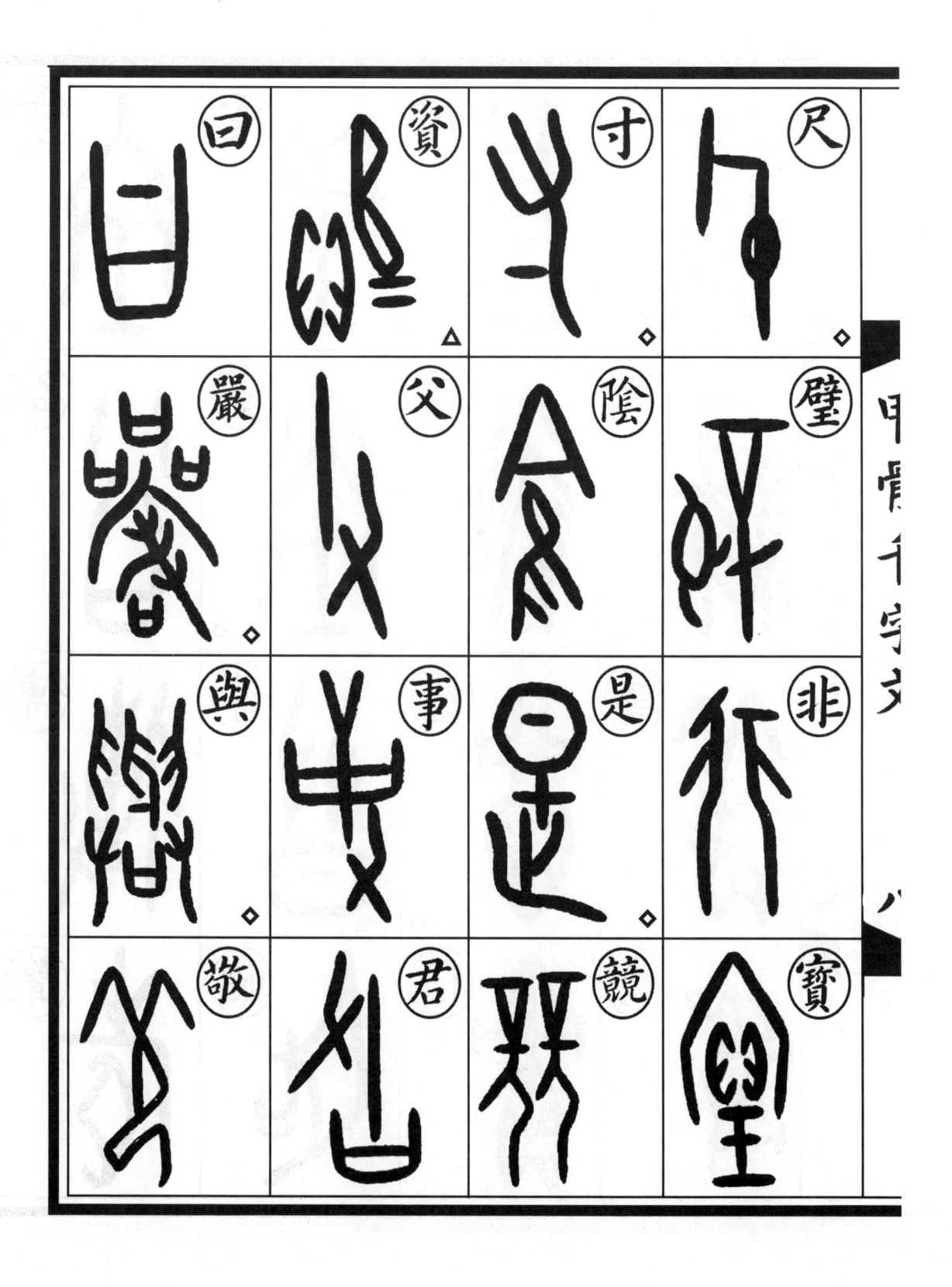

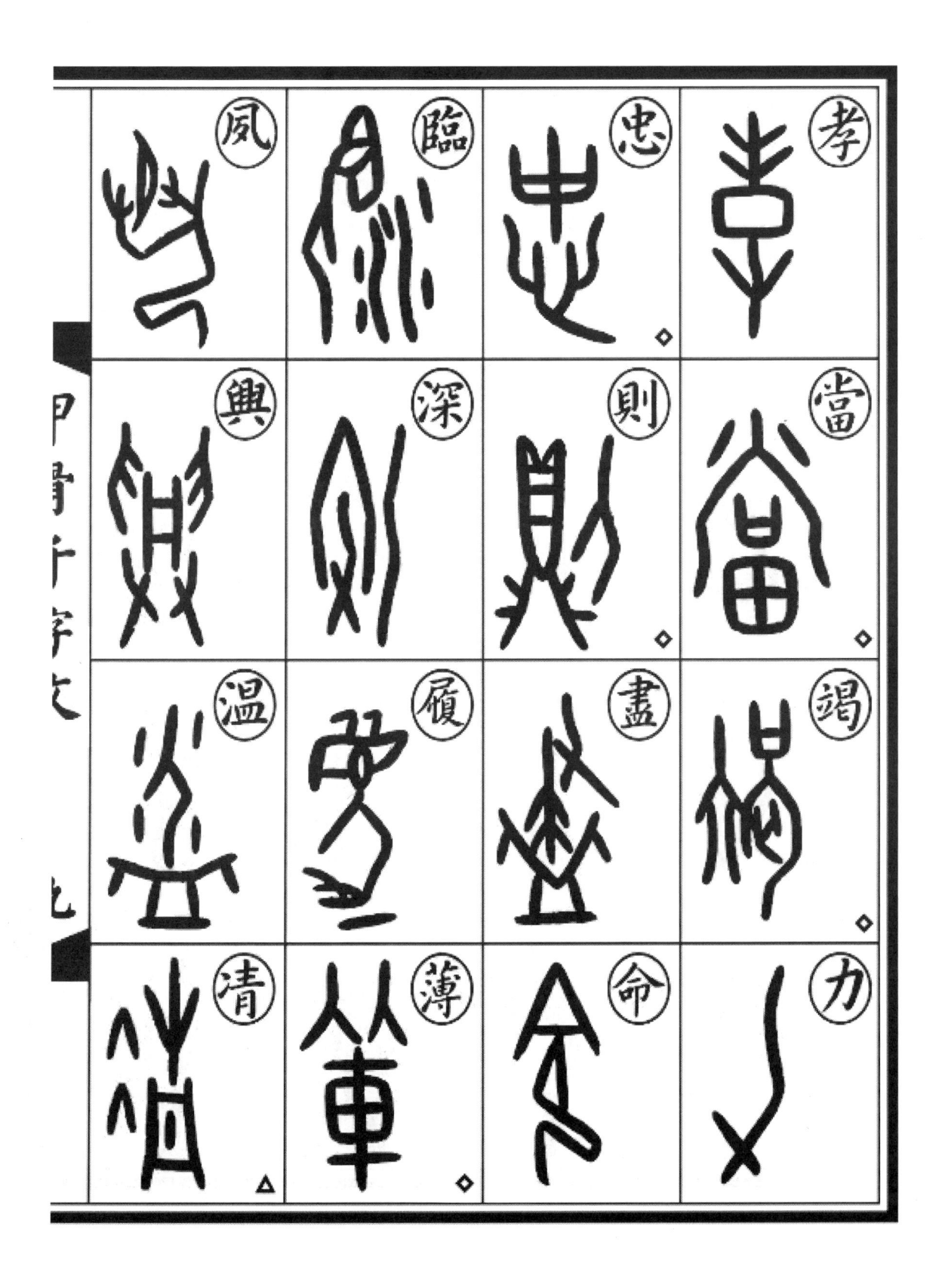

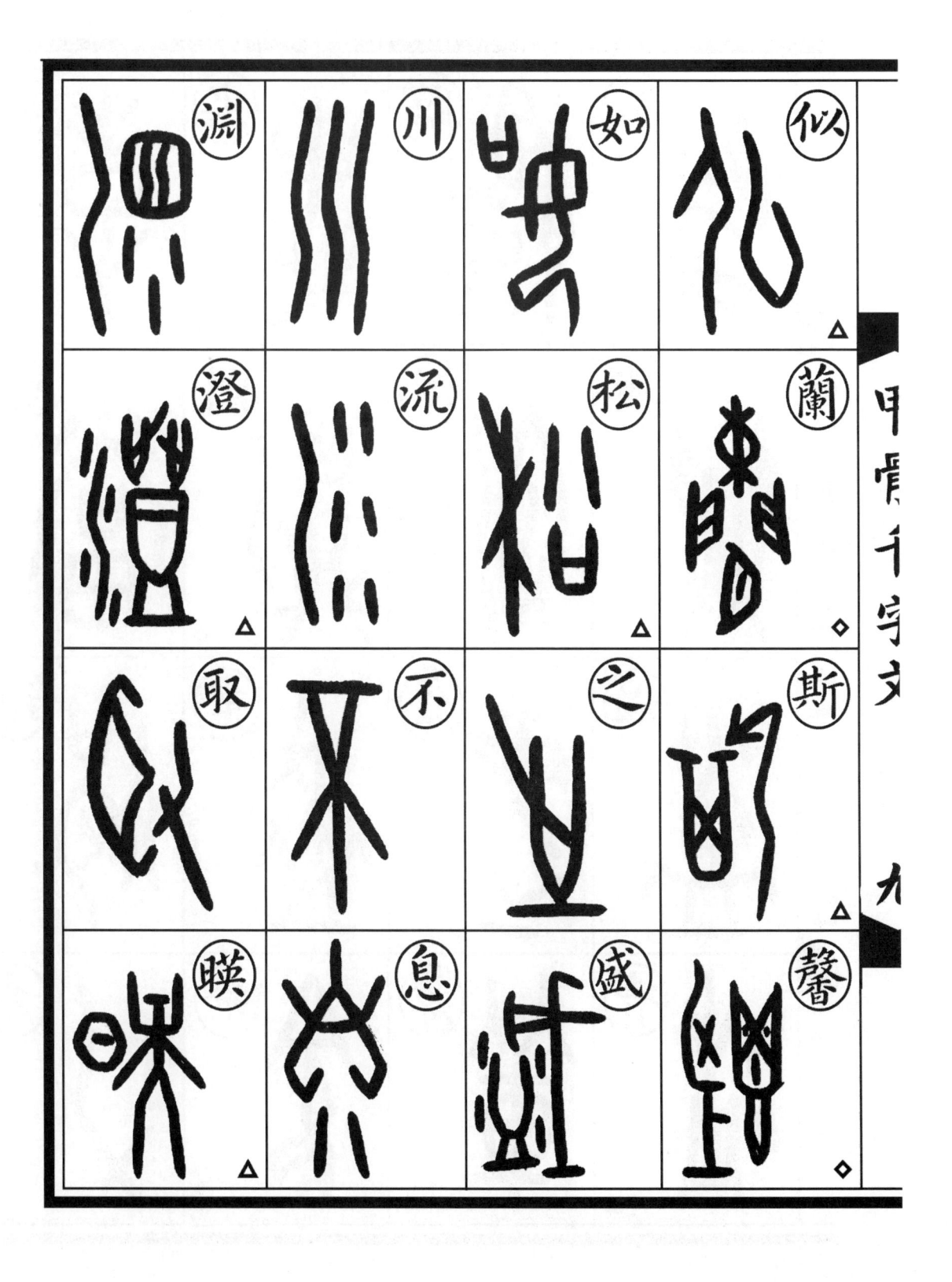

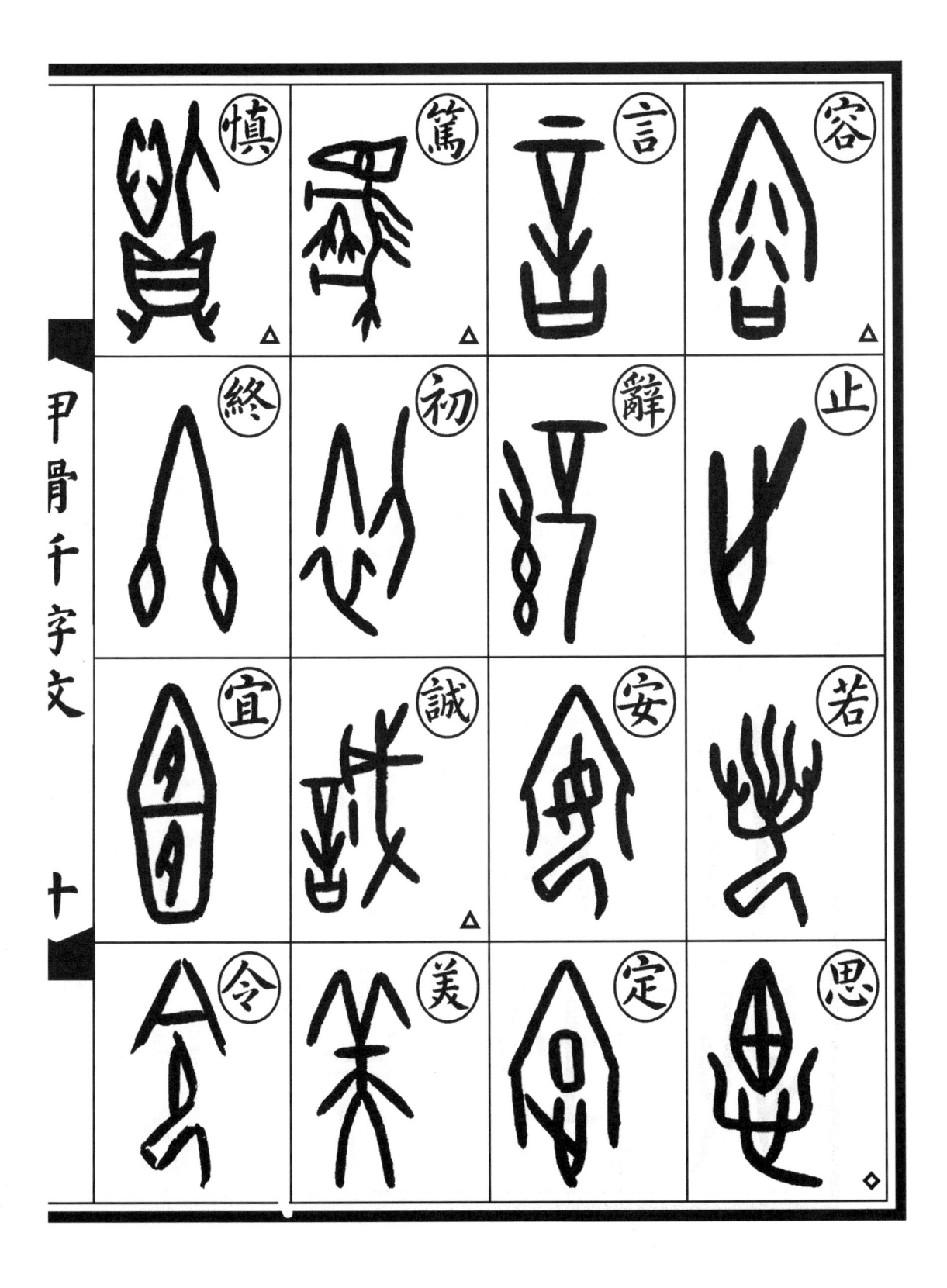

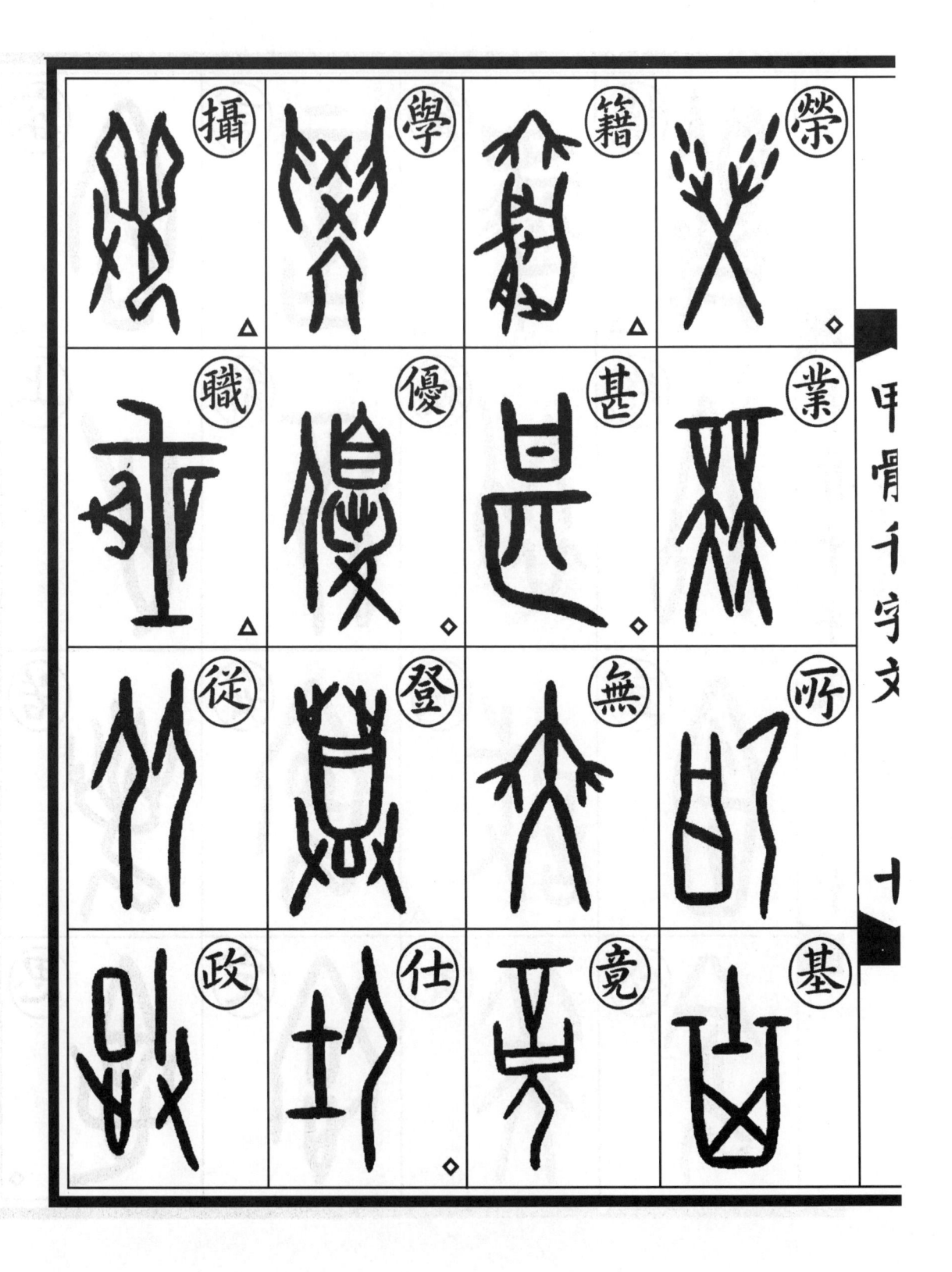

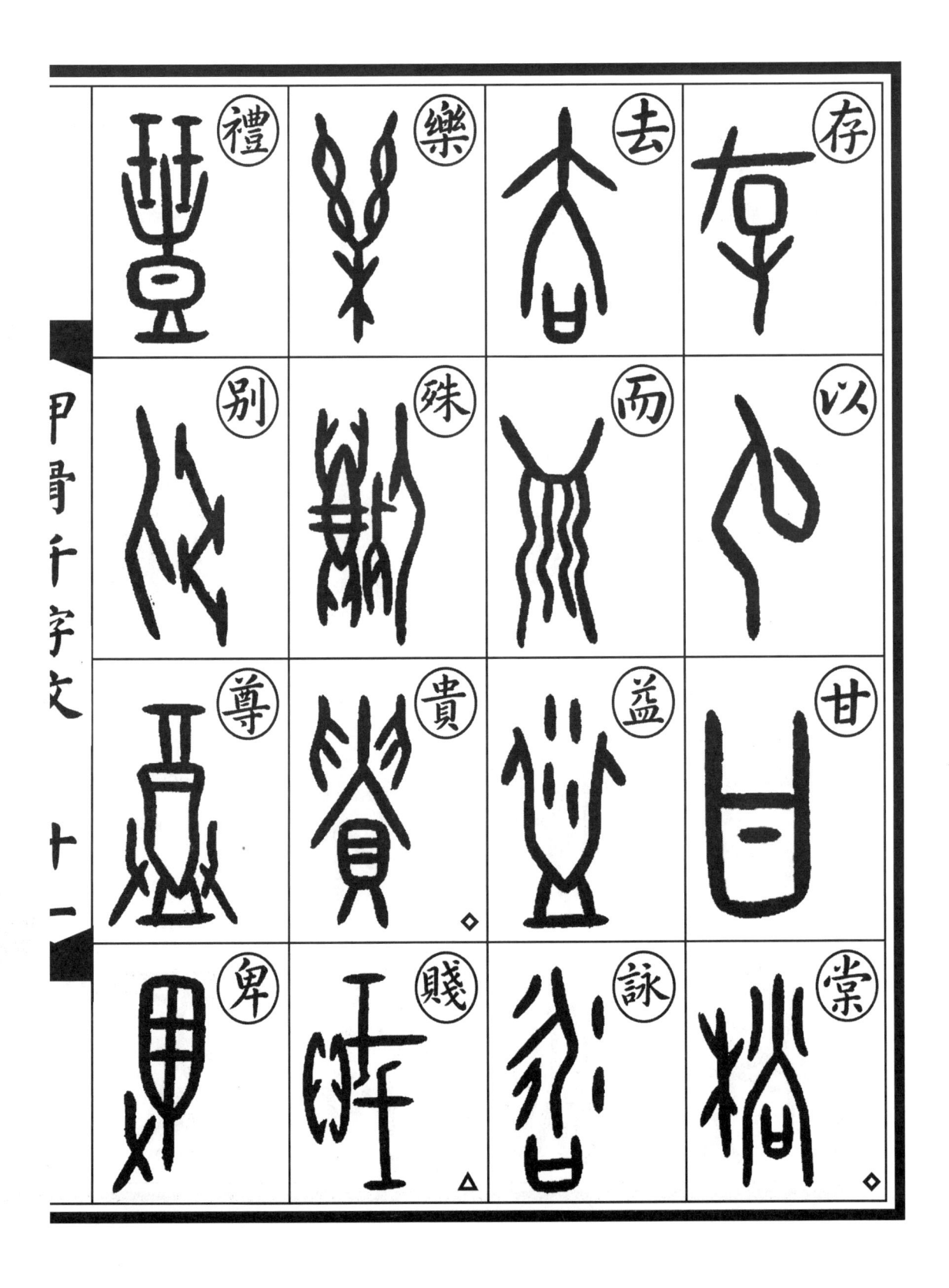

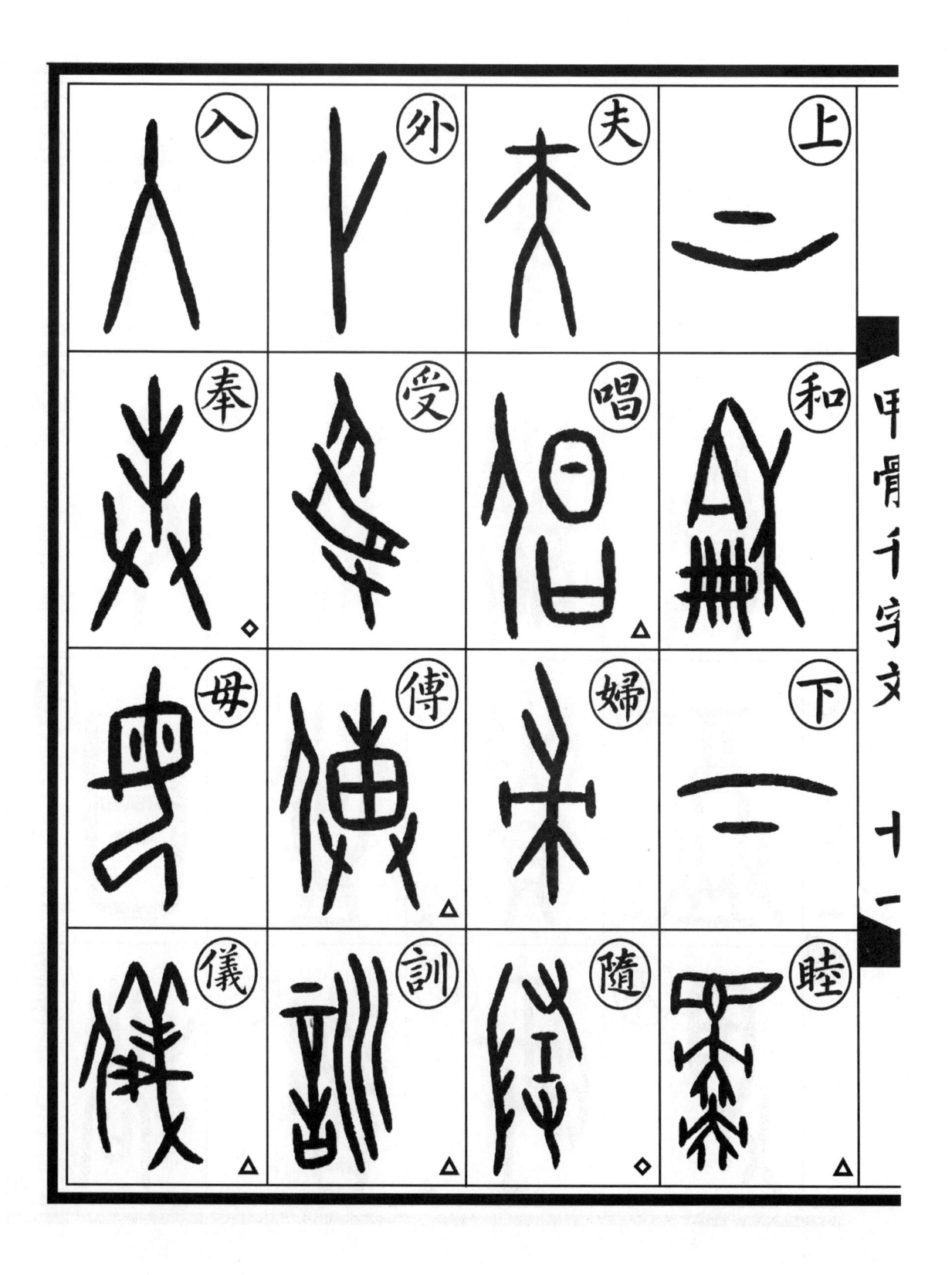

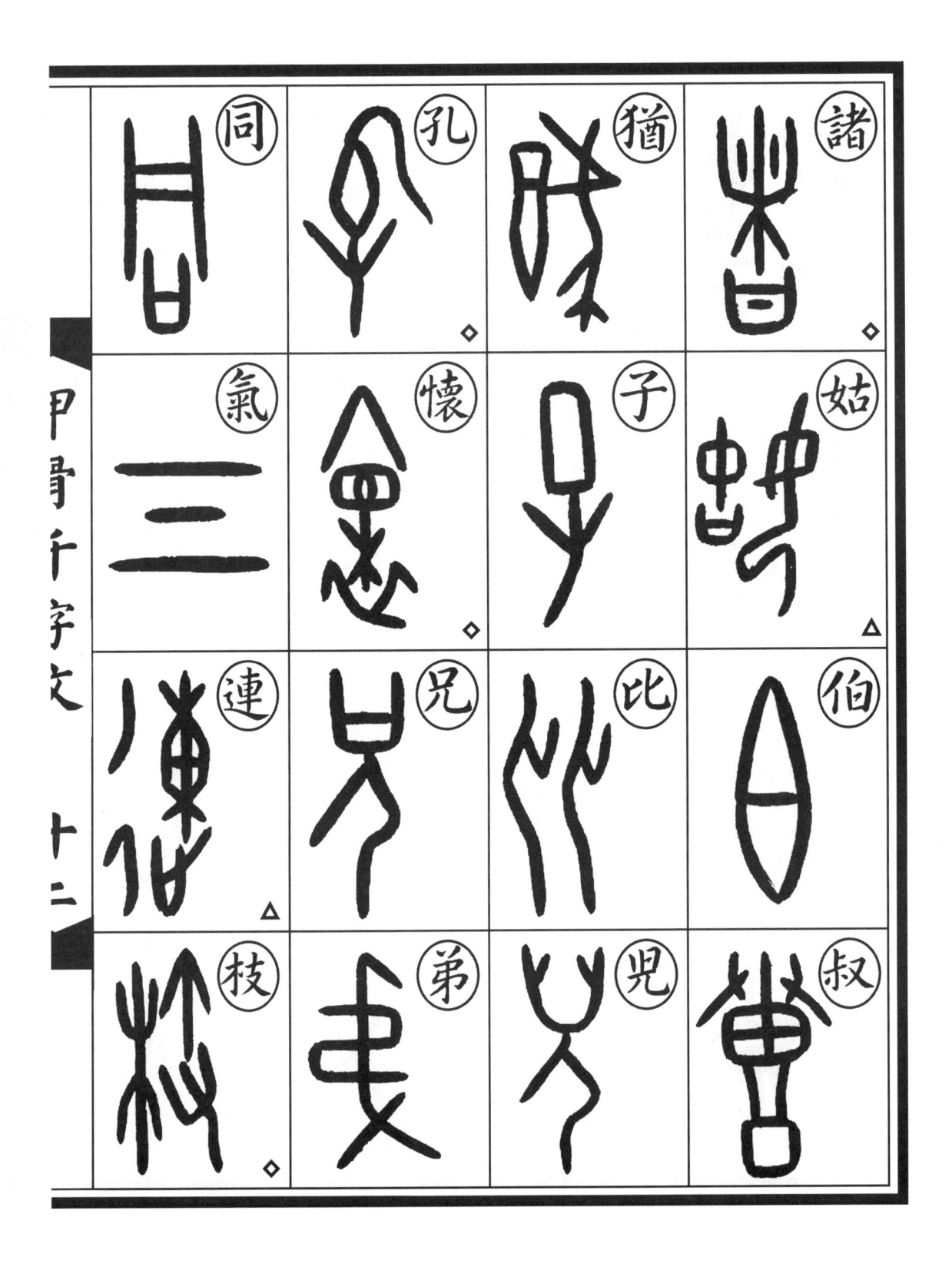

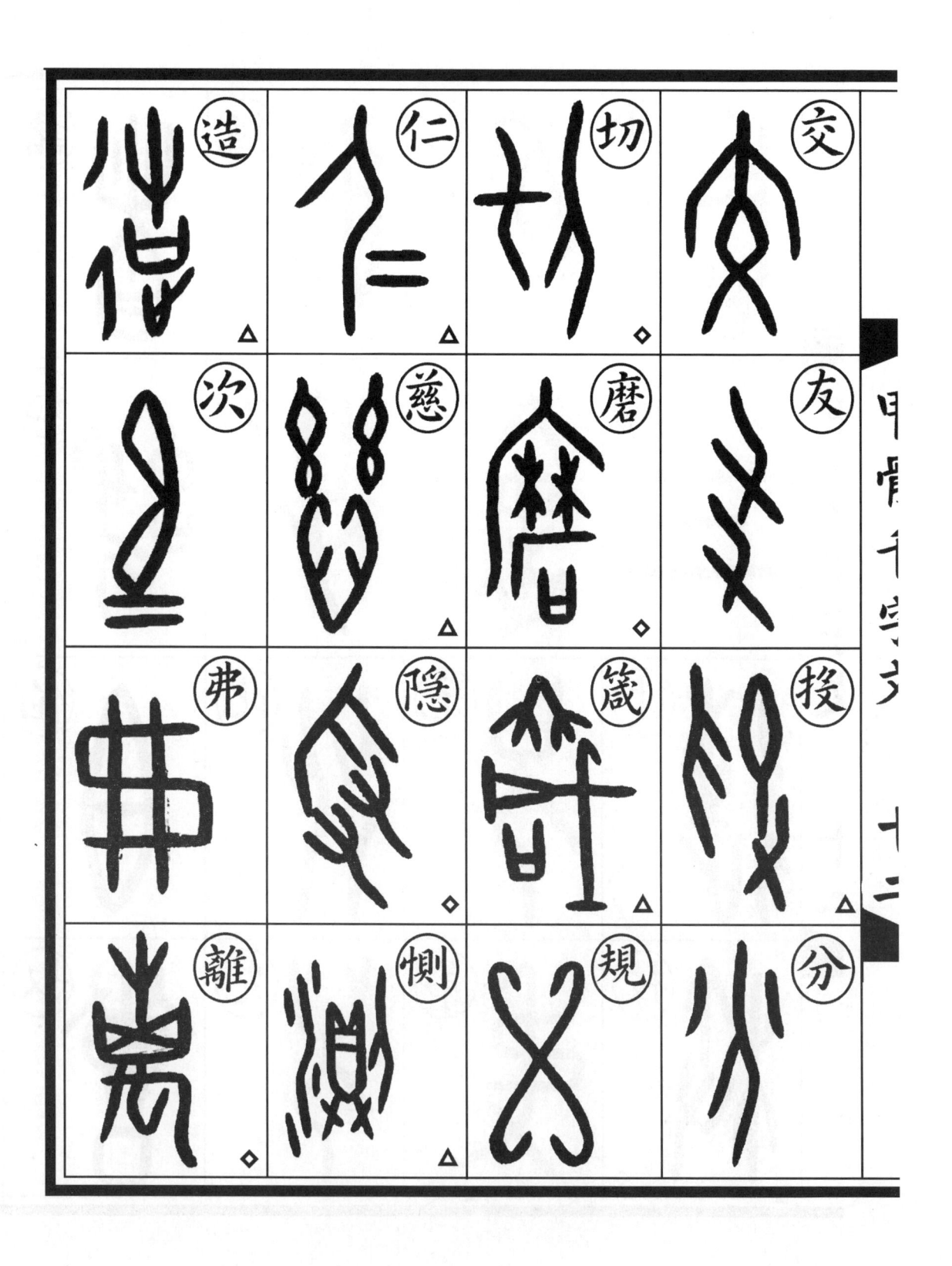

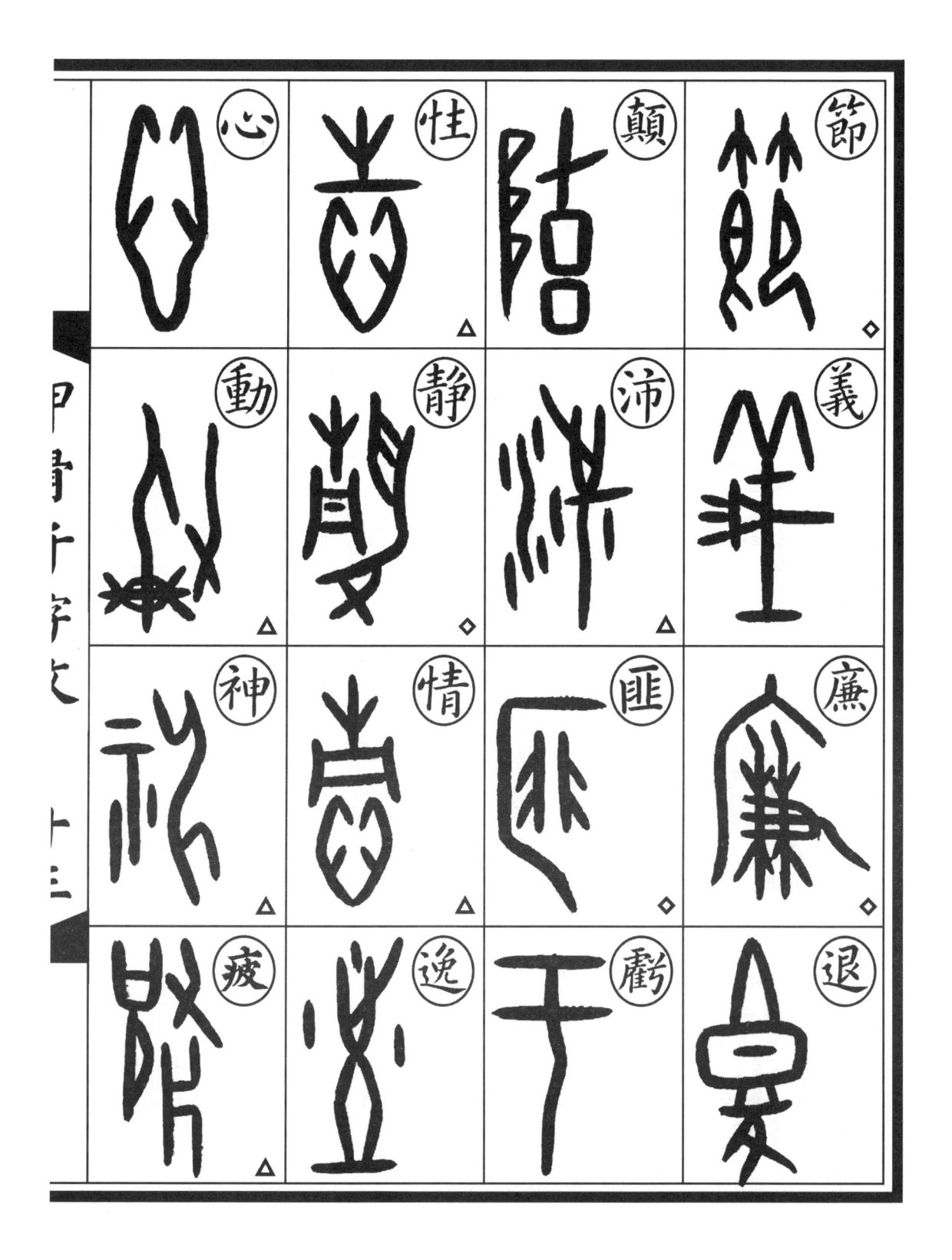

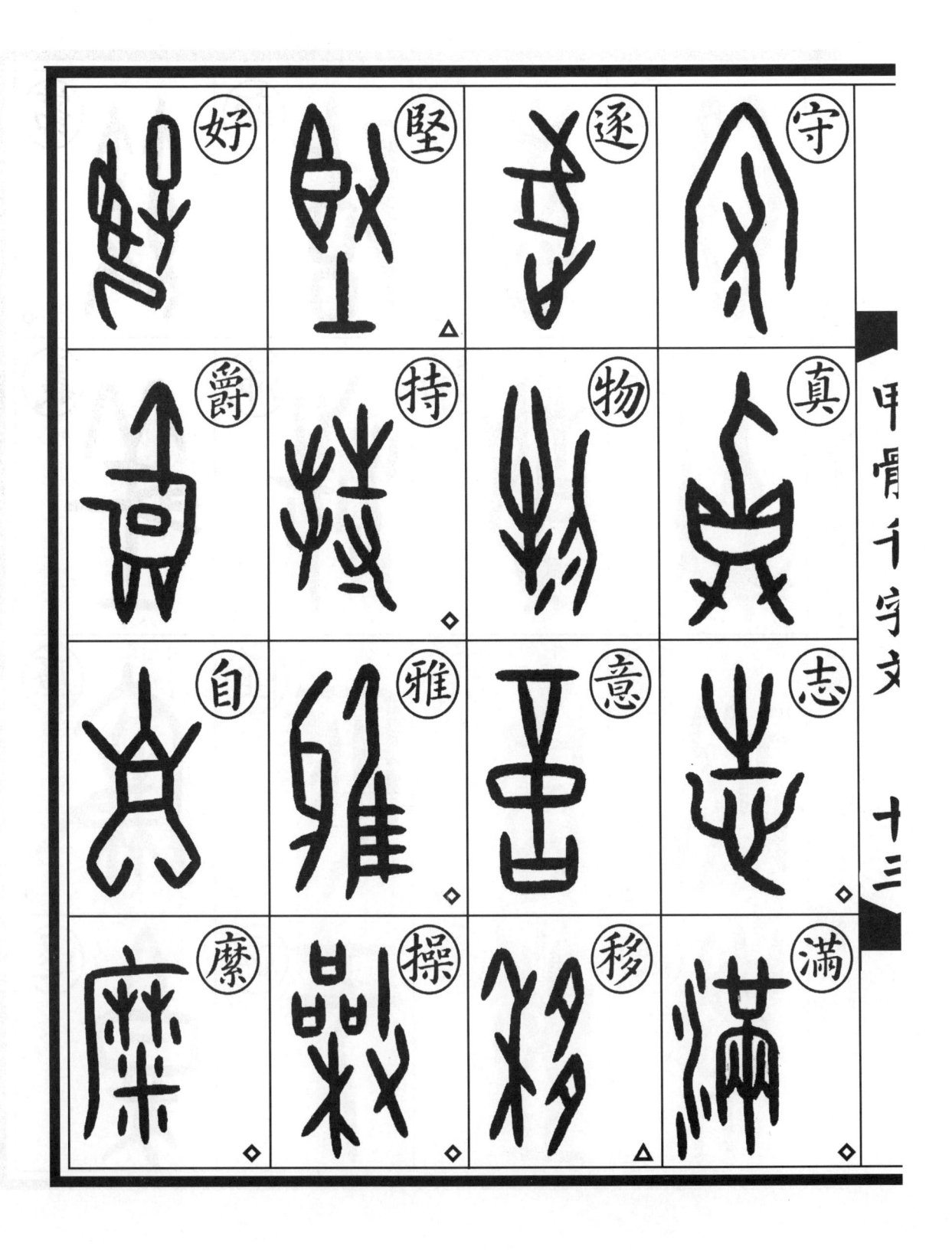

| 守 | 逐 | 堅 | 好 |
|---|---|---|---|
| 真 | 物 | 持 | 爵 |
| 志 | 意 | 雅 | 自 |
| 滿 | 移 | 操 | 麋 |

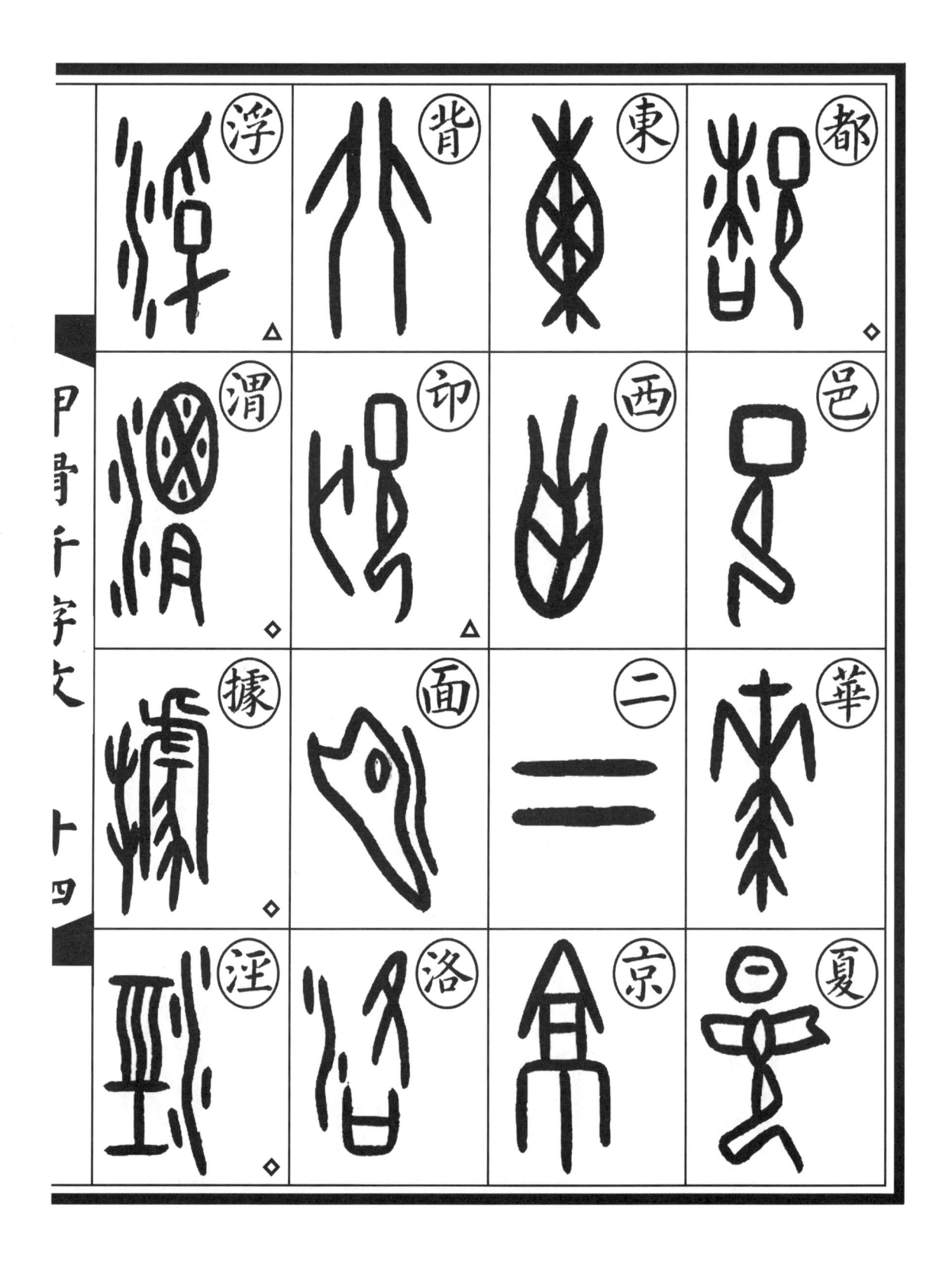

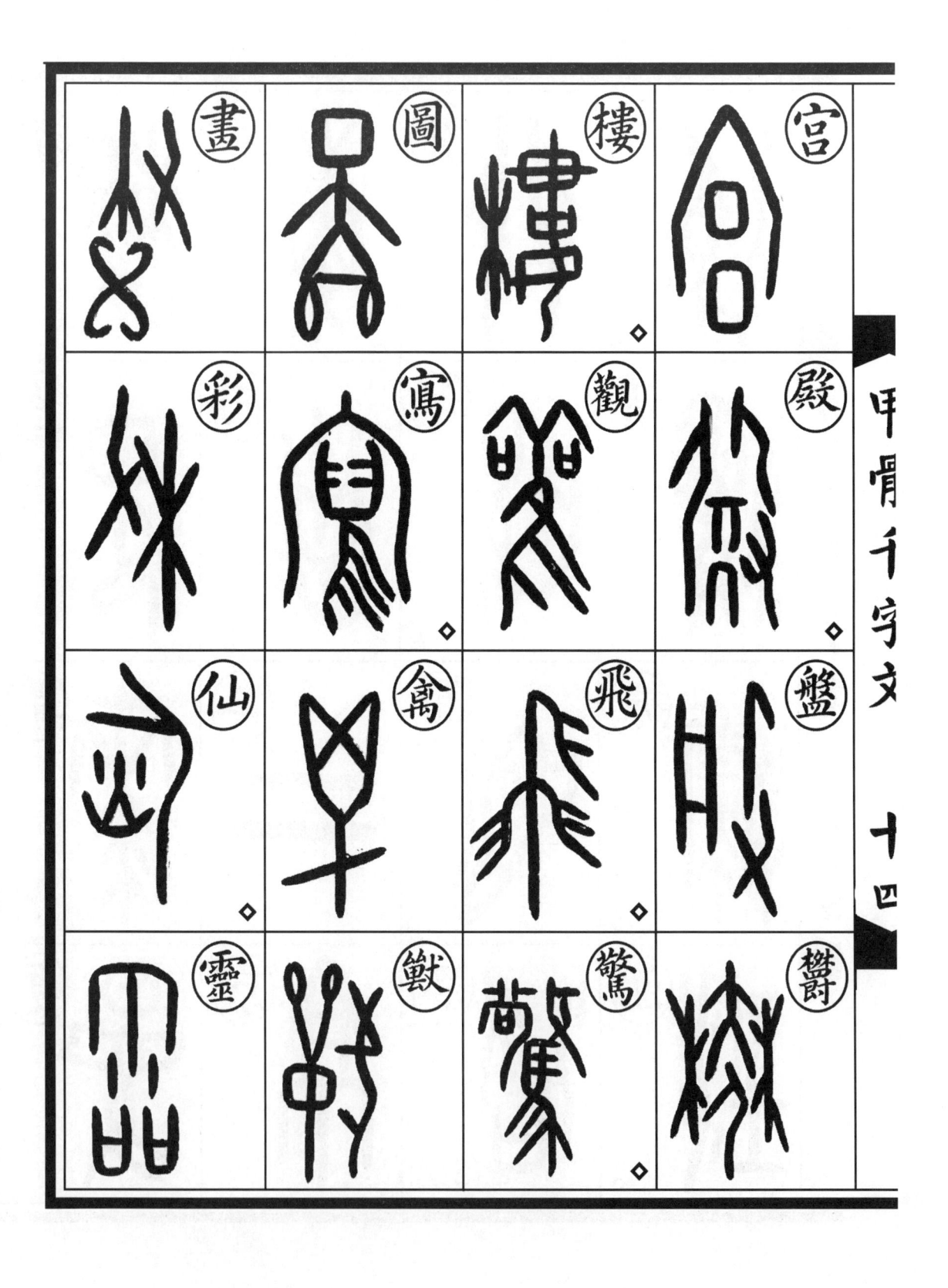

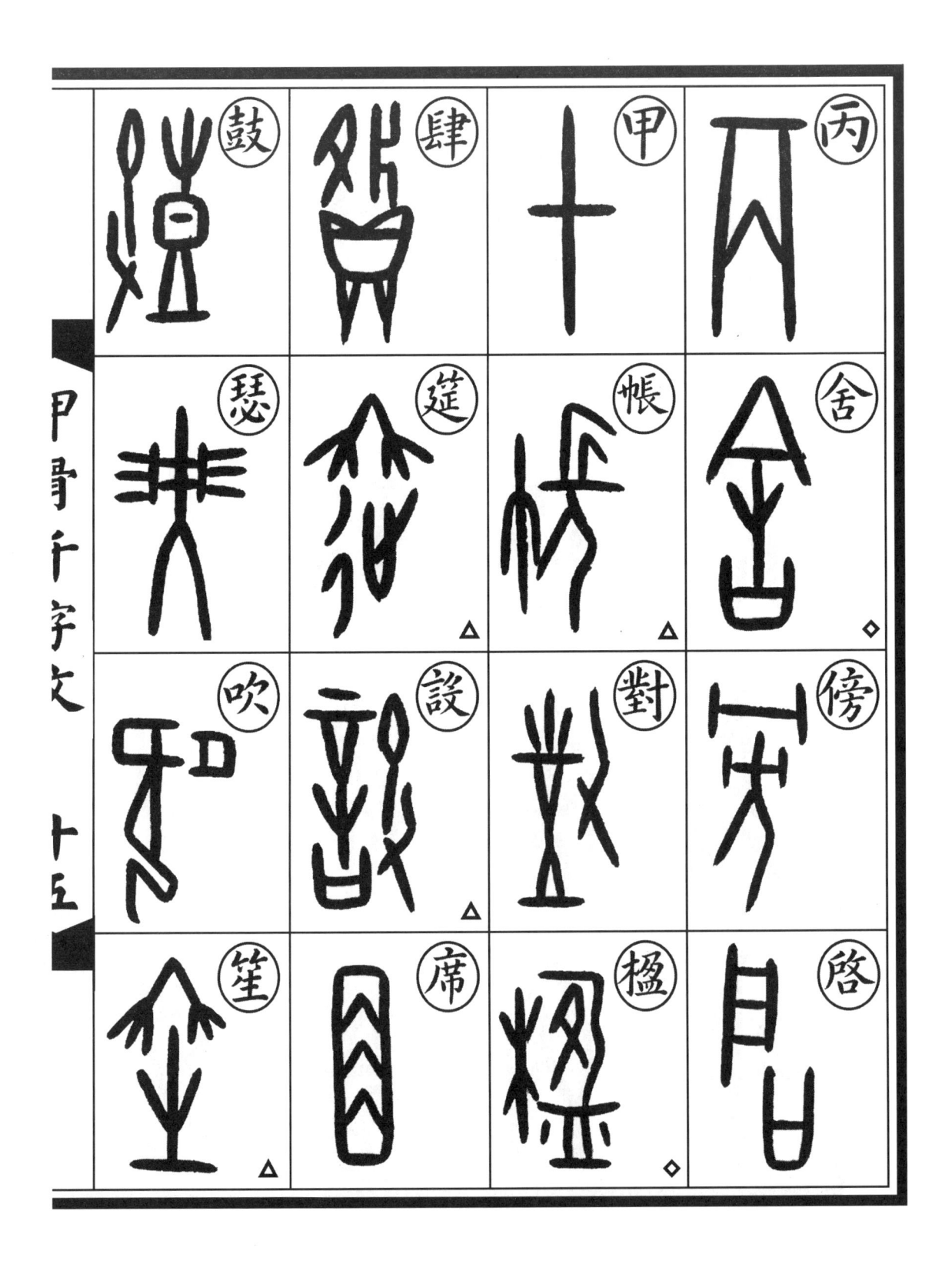

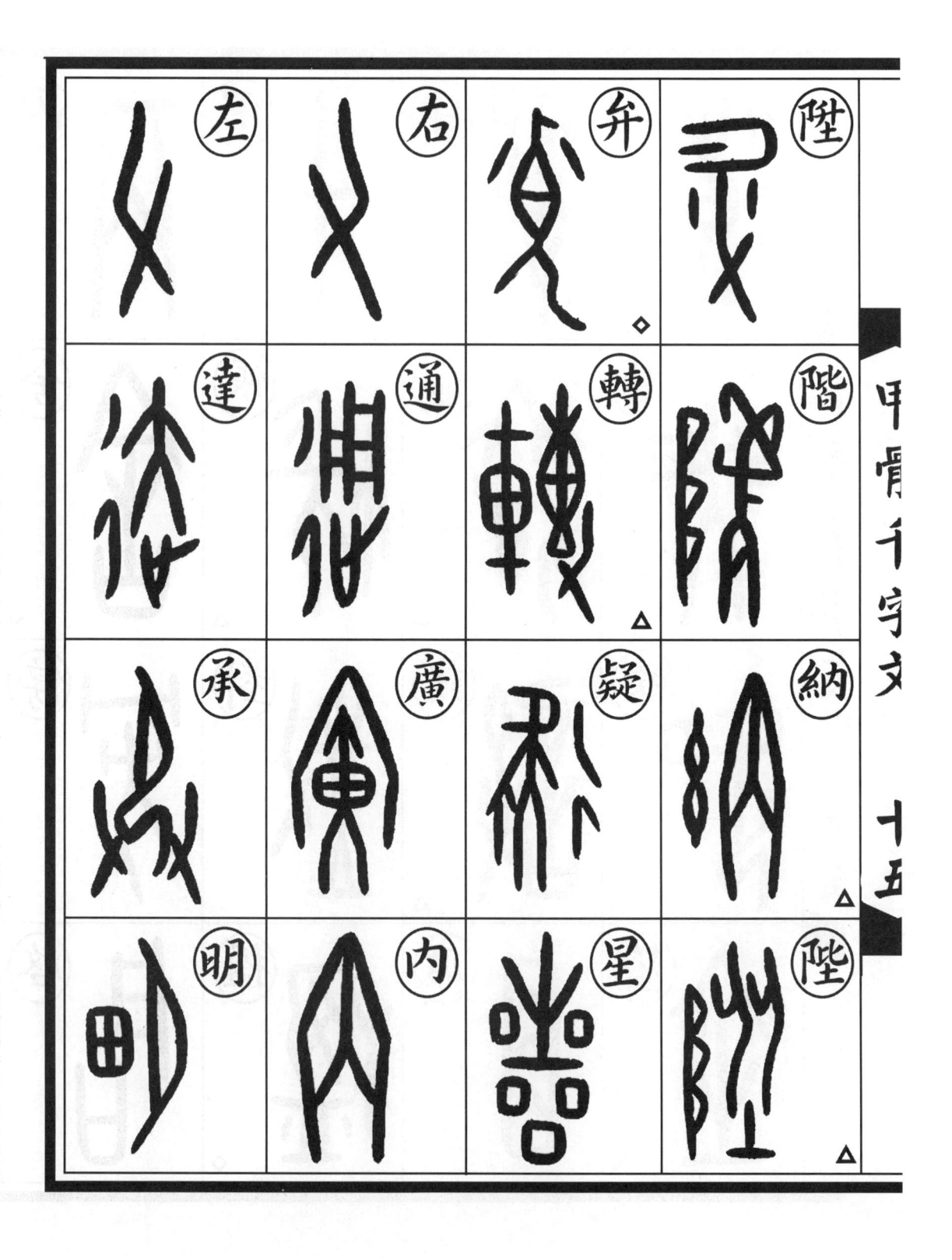

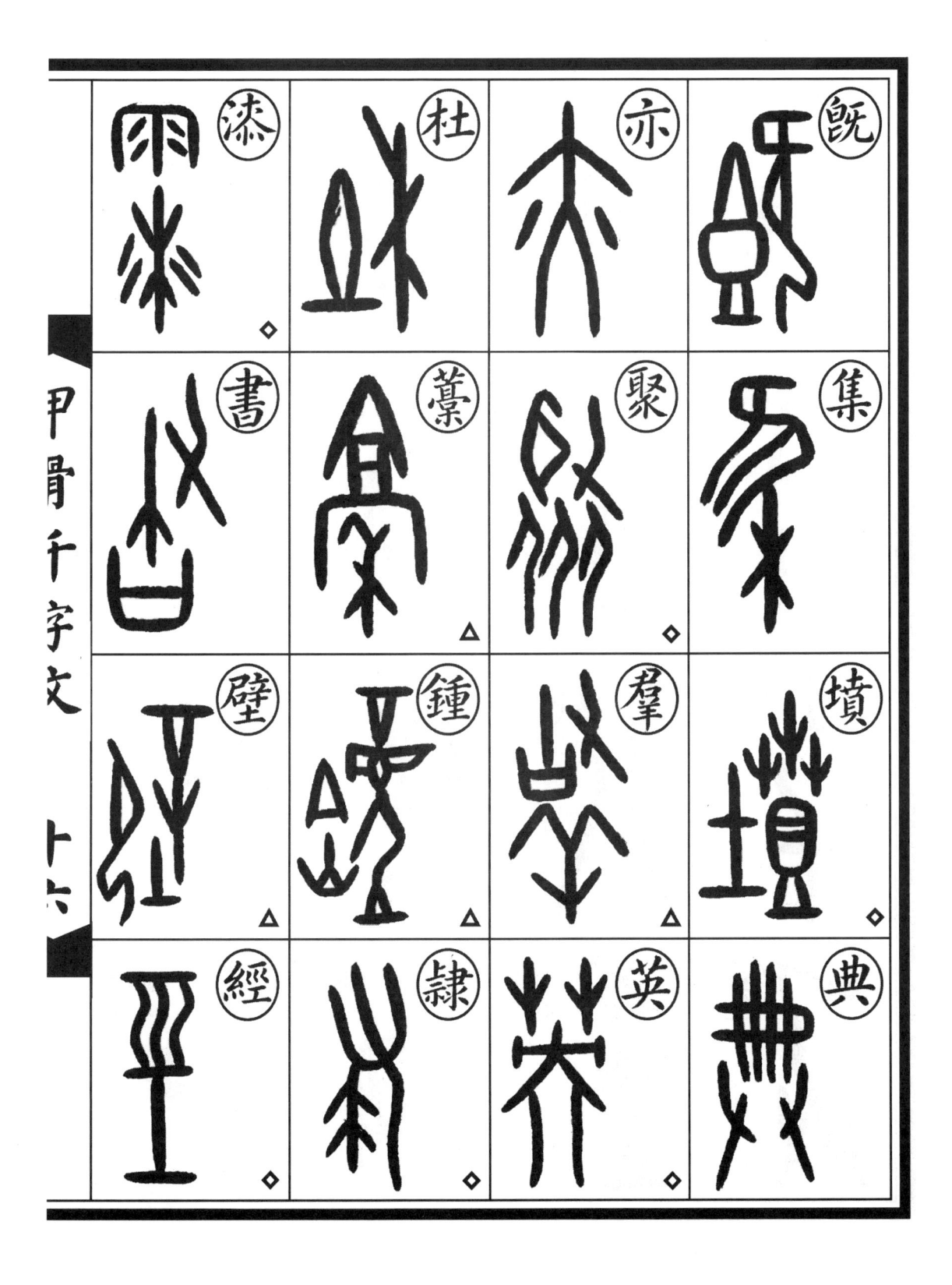

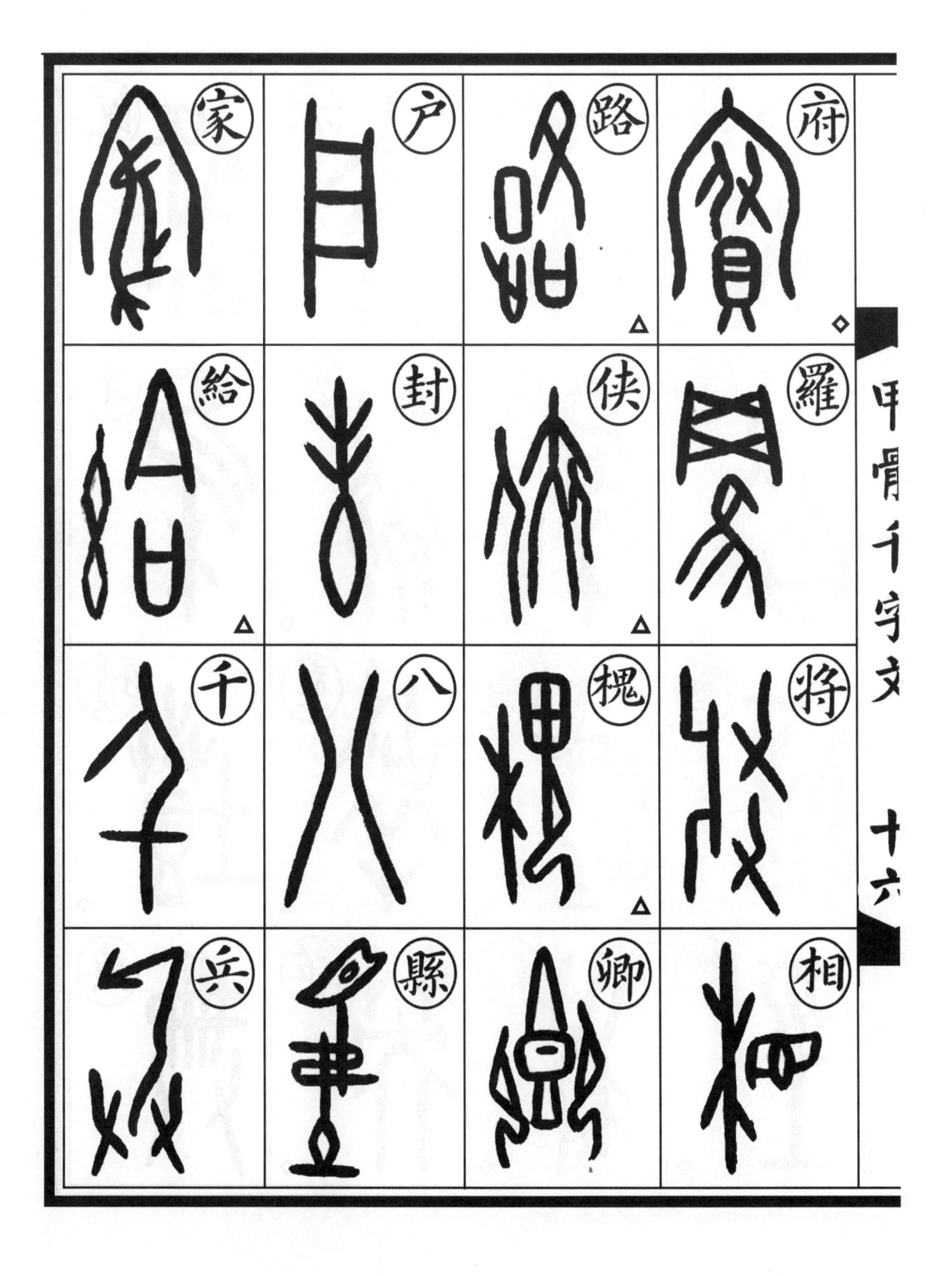

甲骨千字文　十六

家　戸　路　府
給　封　俠　羅
千　八　槐　將
兵　縣　卿　相

갑골천자문 (판각조판) **74**

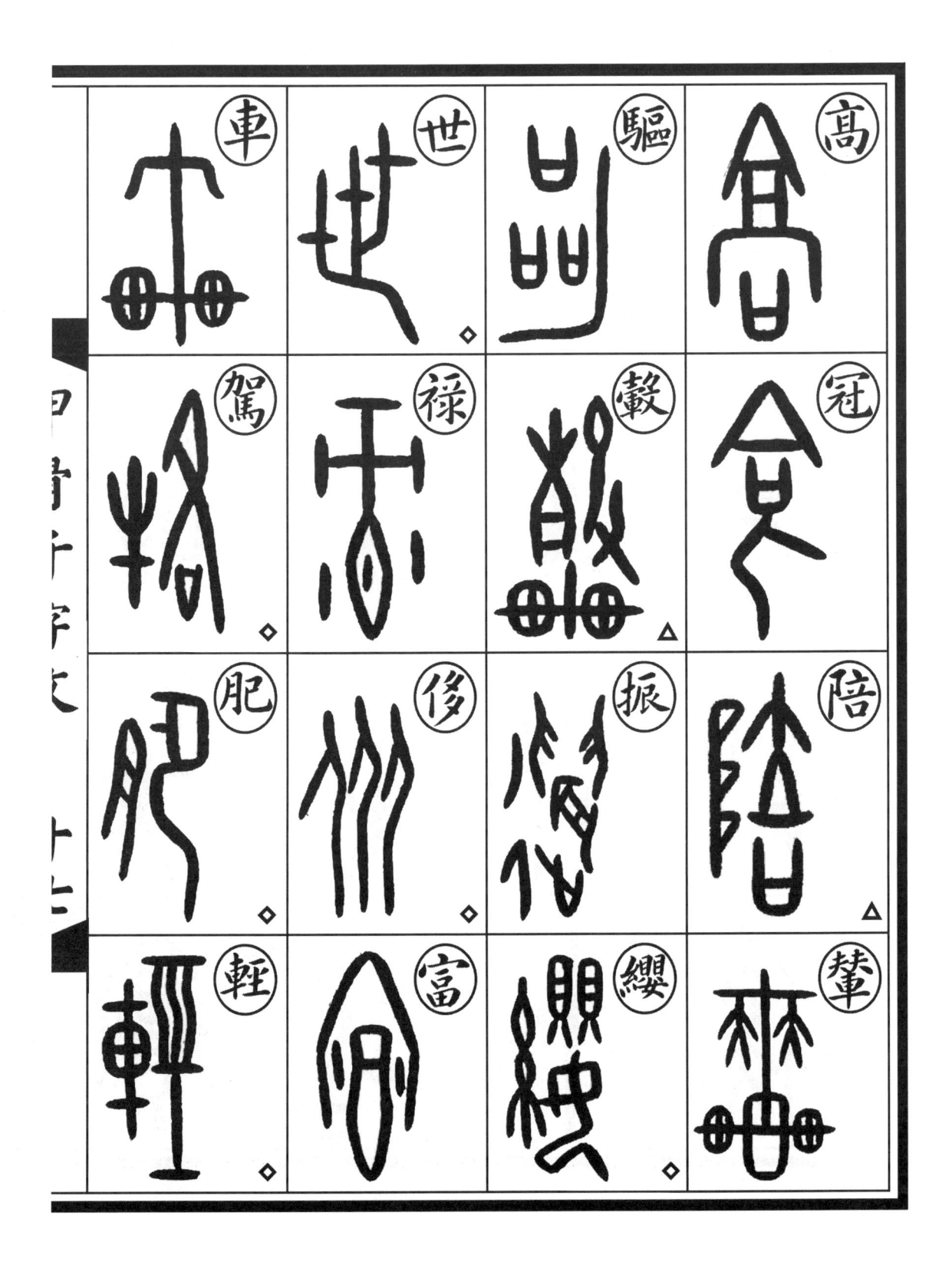

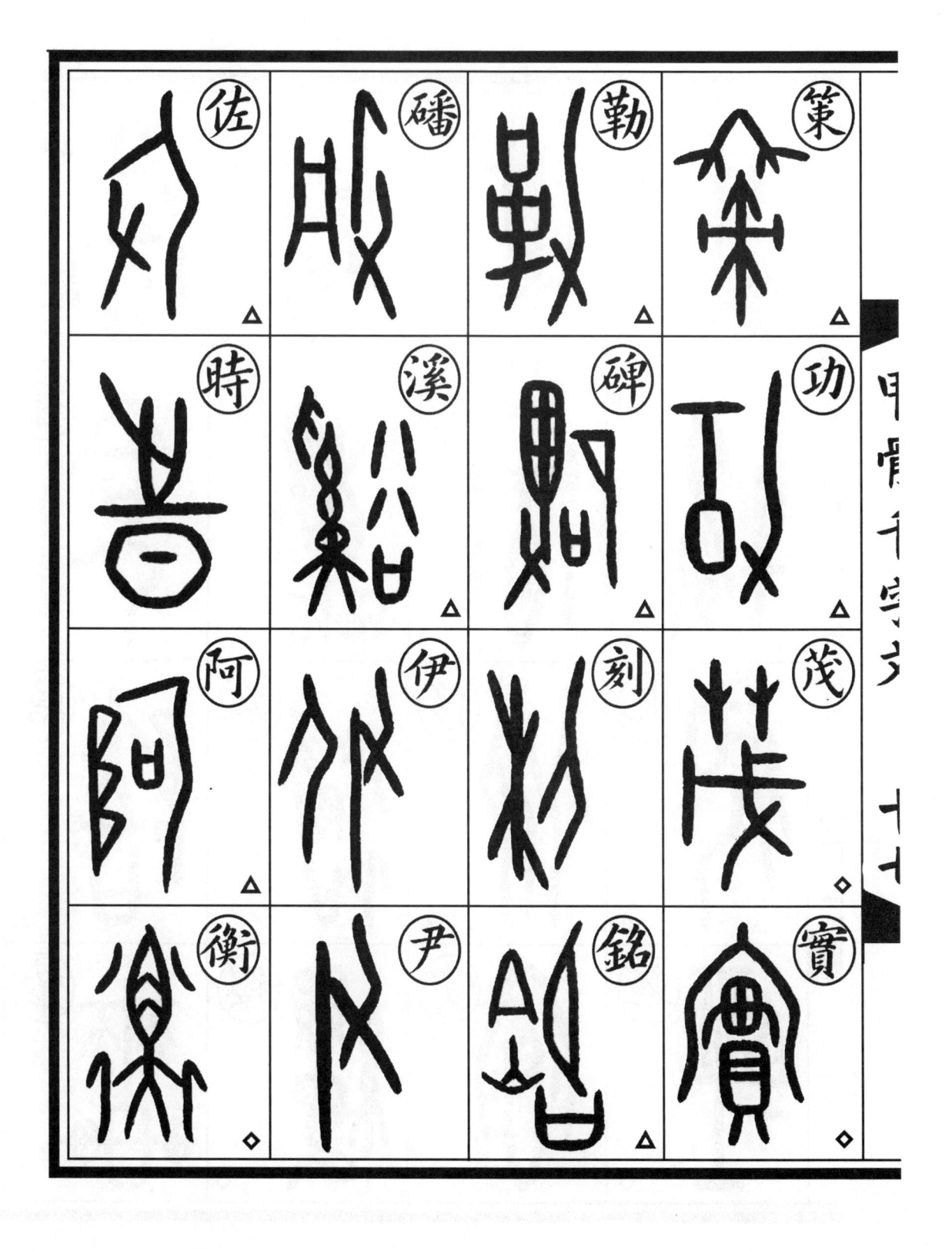

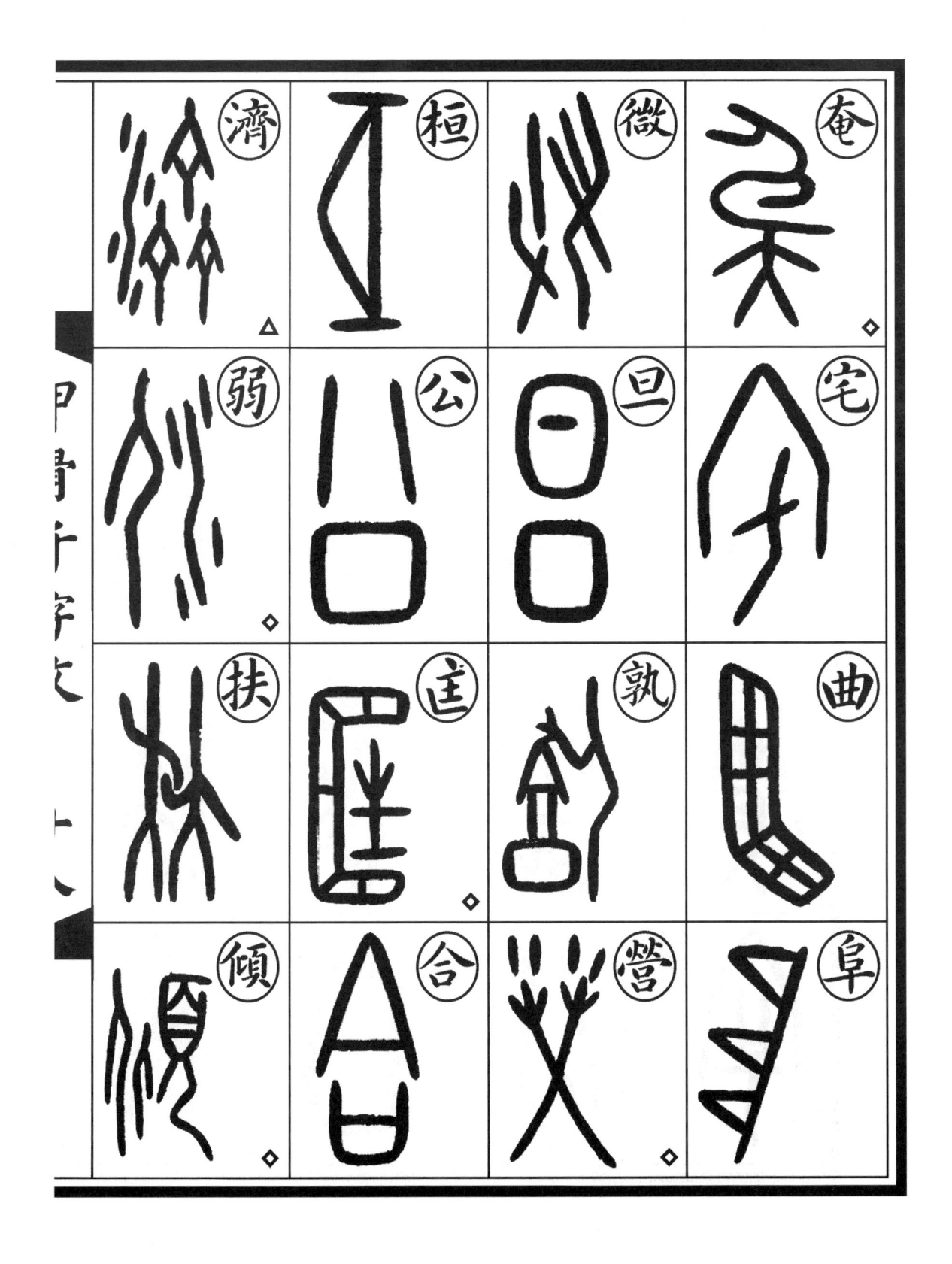

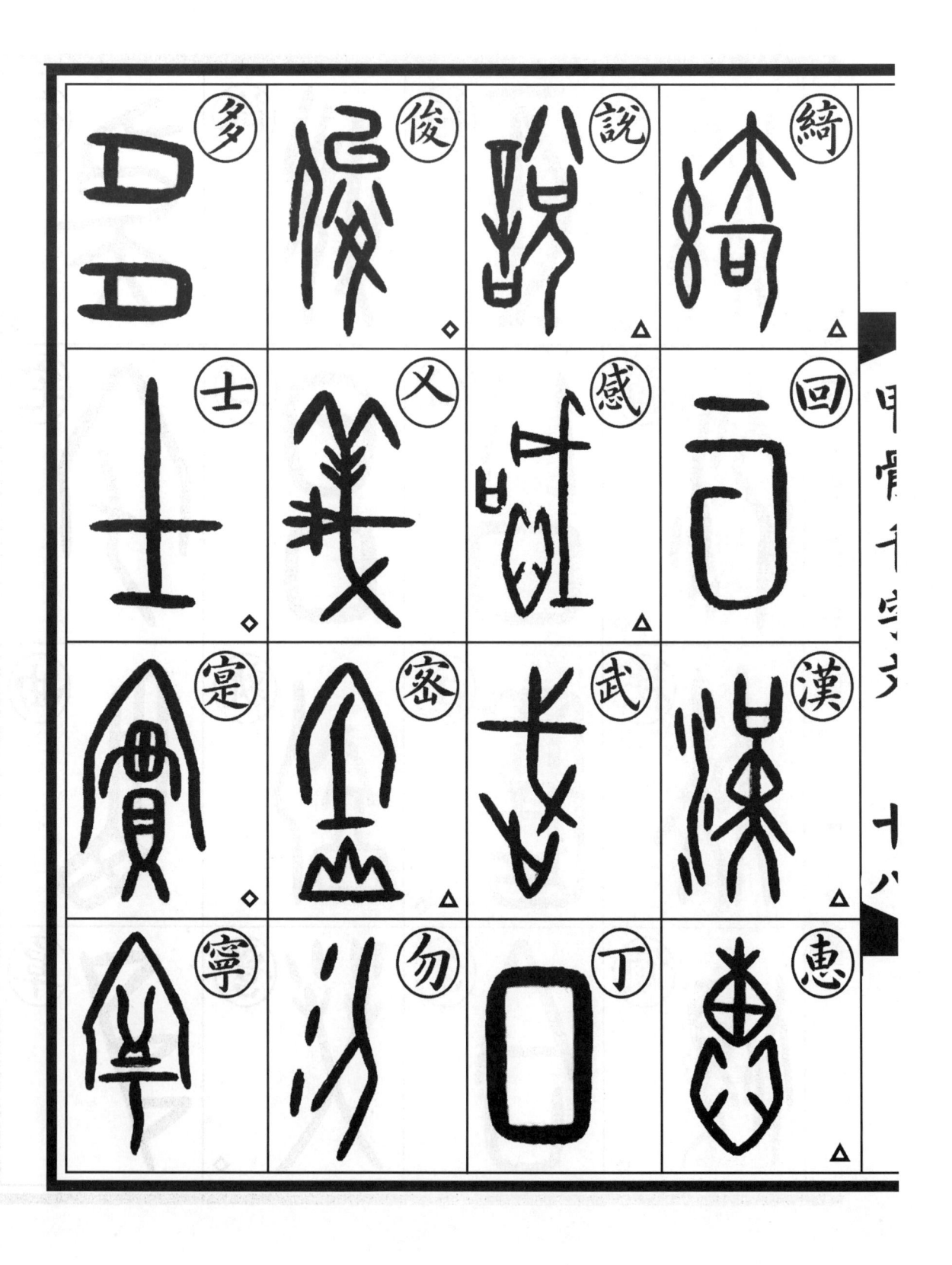

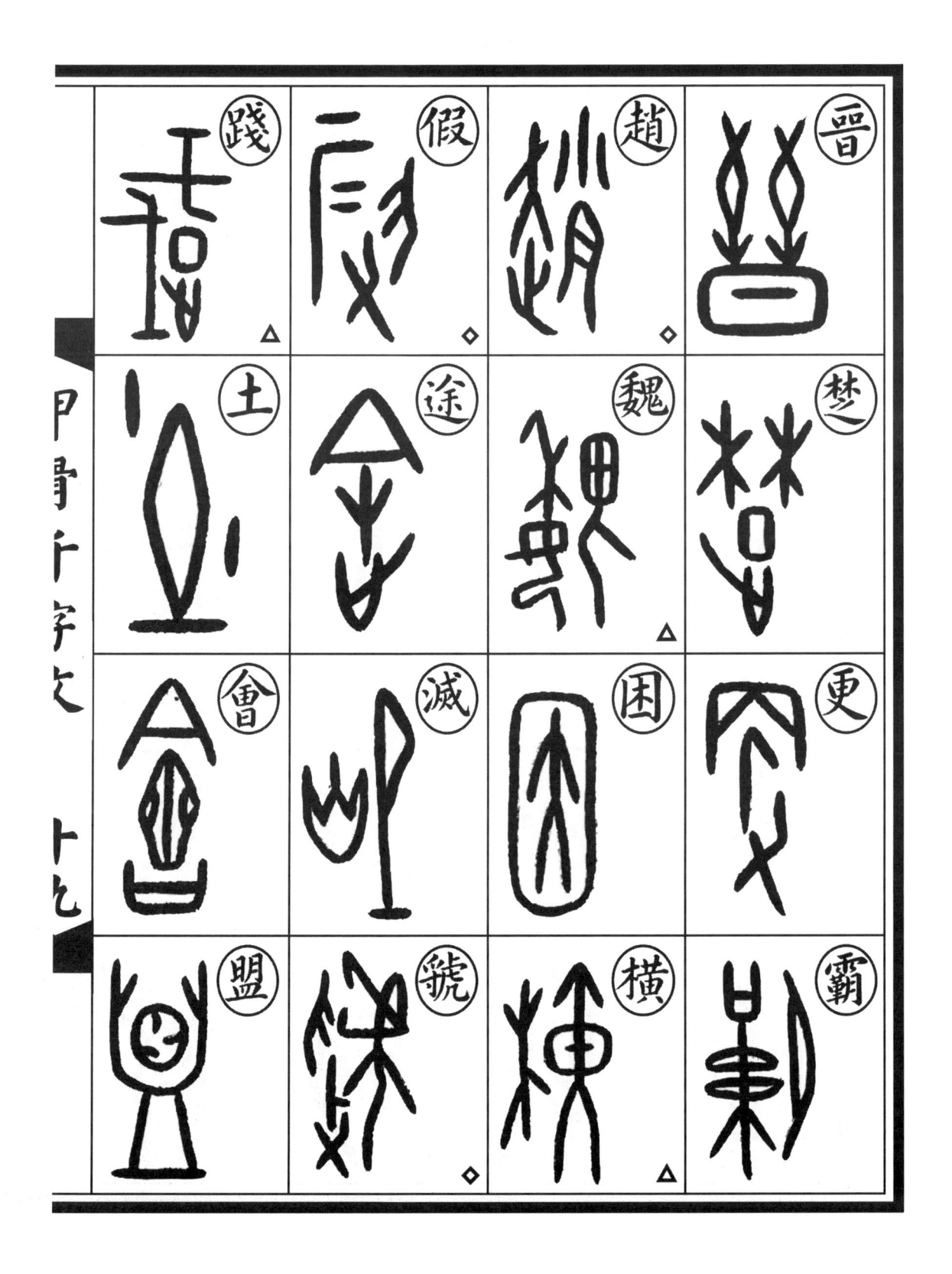

甲骨文字之

卜乞

| 踐 | 假 | 趙 | 晉 |
|---|---|---|---|
| 土 | 途 | 魏 | 楚 |
| 會 | 滅 | 困 | 更 |
| 盟 | 虢 | 橫 | 霸 |

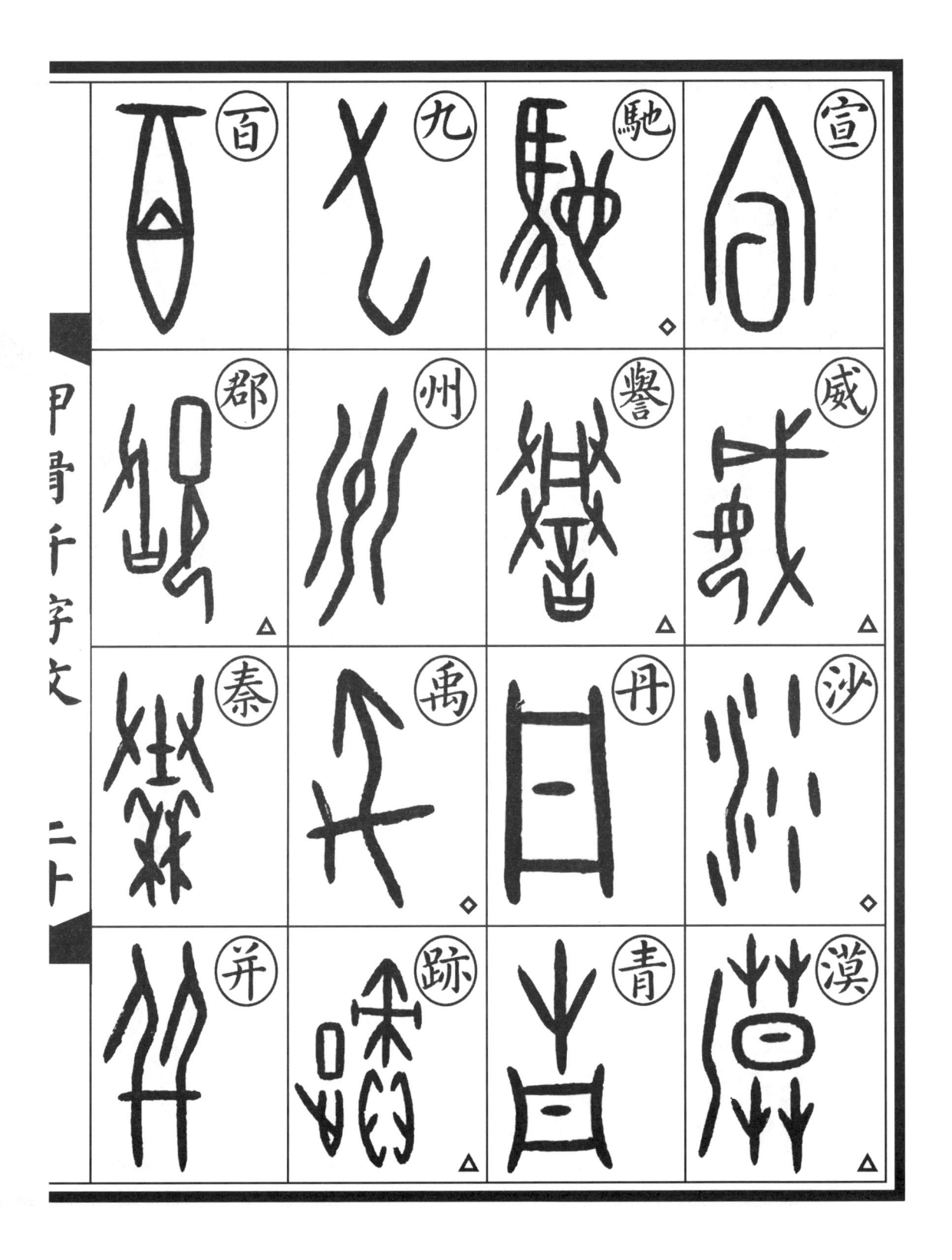

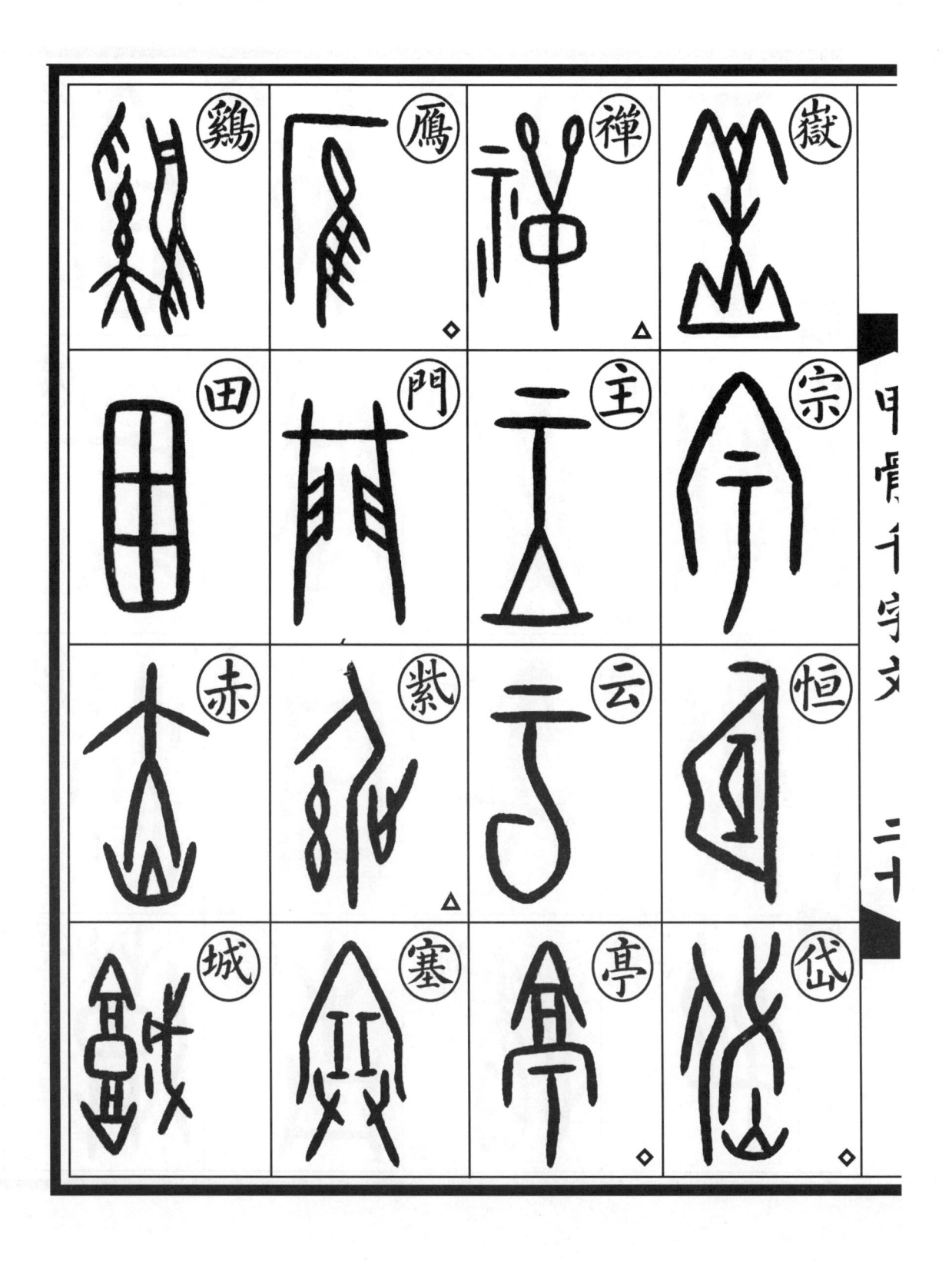

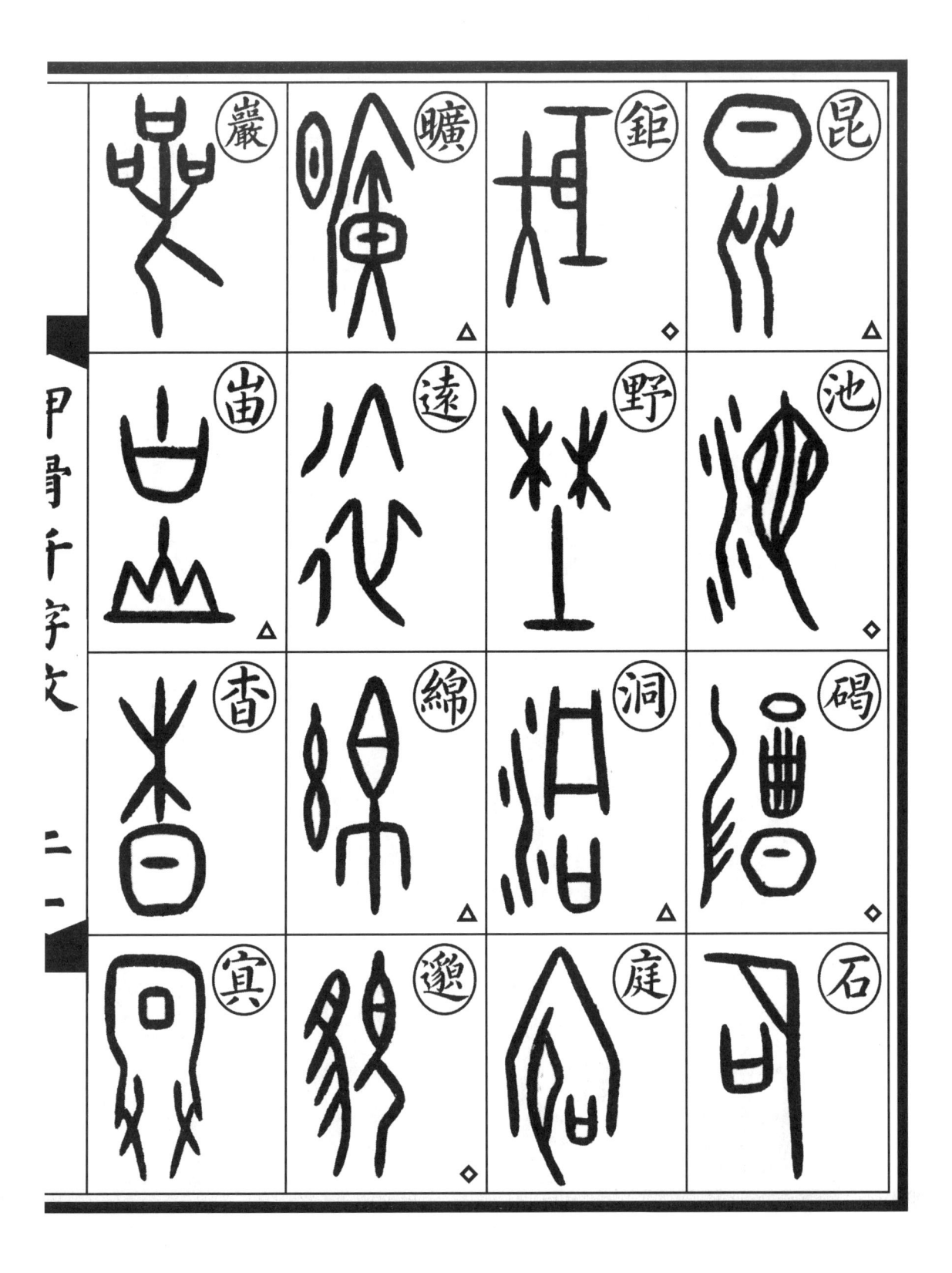

甲骨千字文

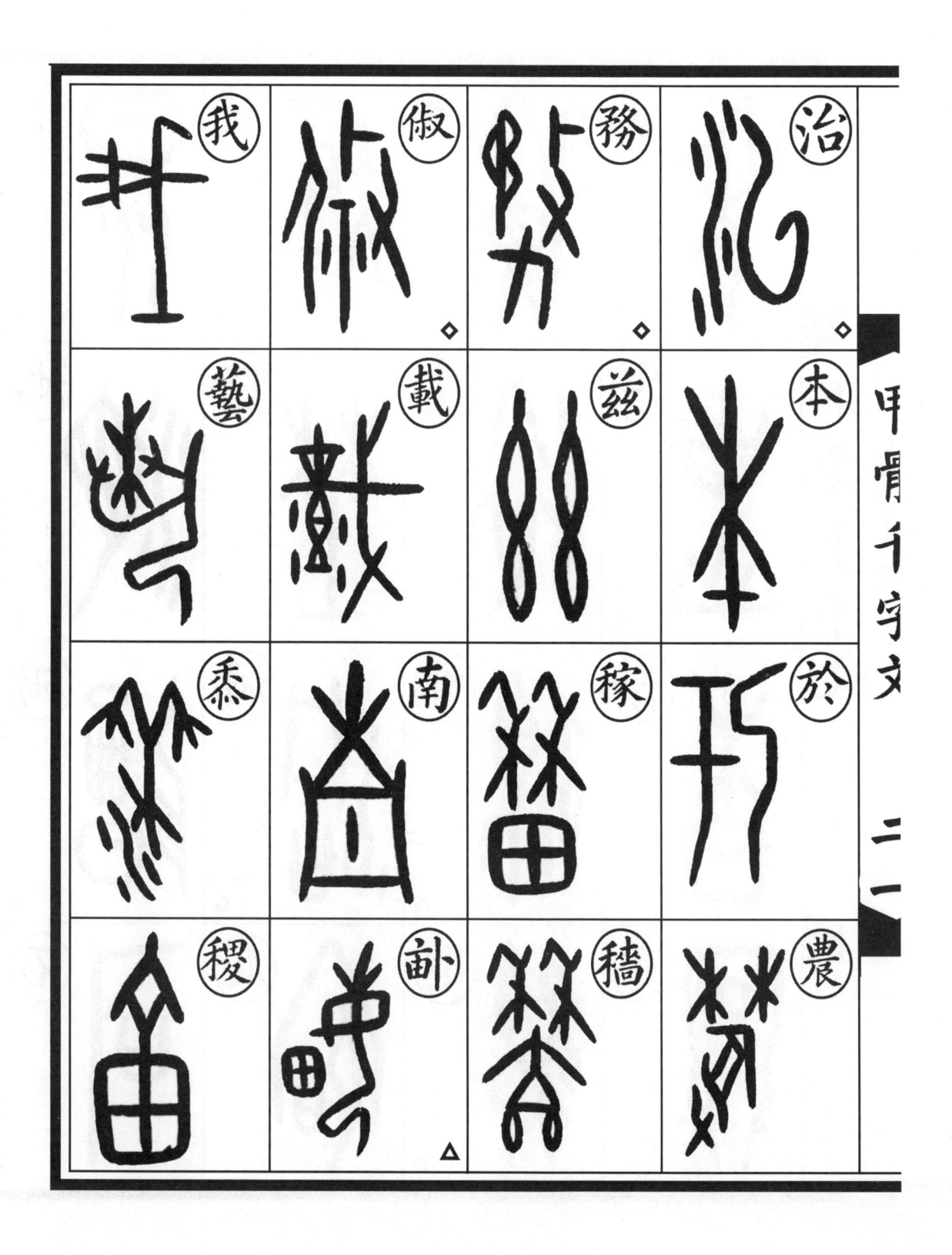

| | | | |
|---|---|---|---|
| 我 | 俶 | 務 | 治 |
| 藝 | 載 | 兹 | 本 |
| 黍 | 南 | 稼 | 於 |
| 稷 | 畝 | 穡 | 農 |

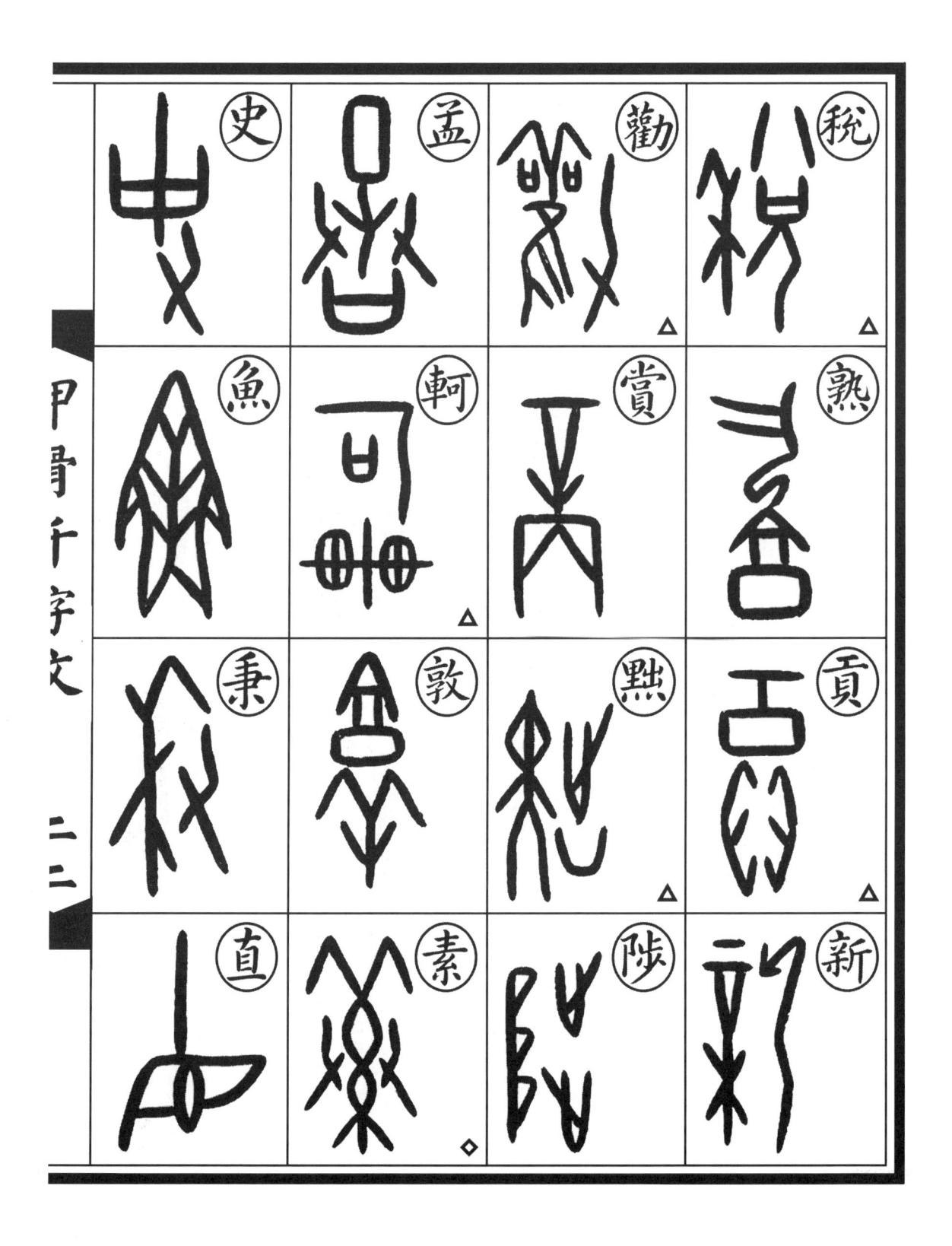

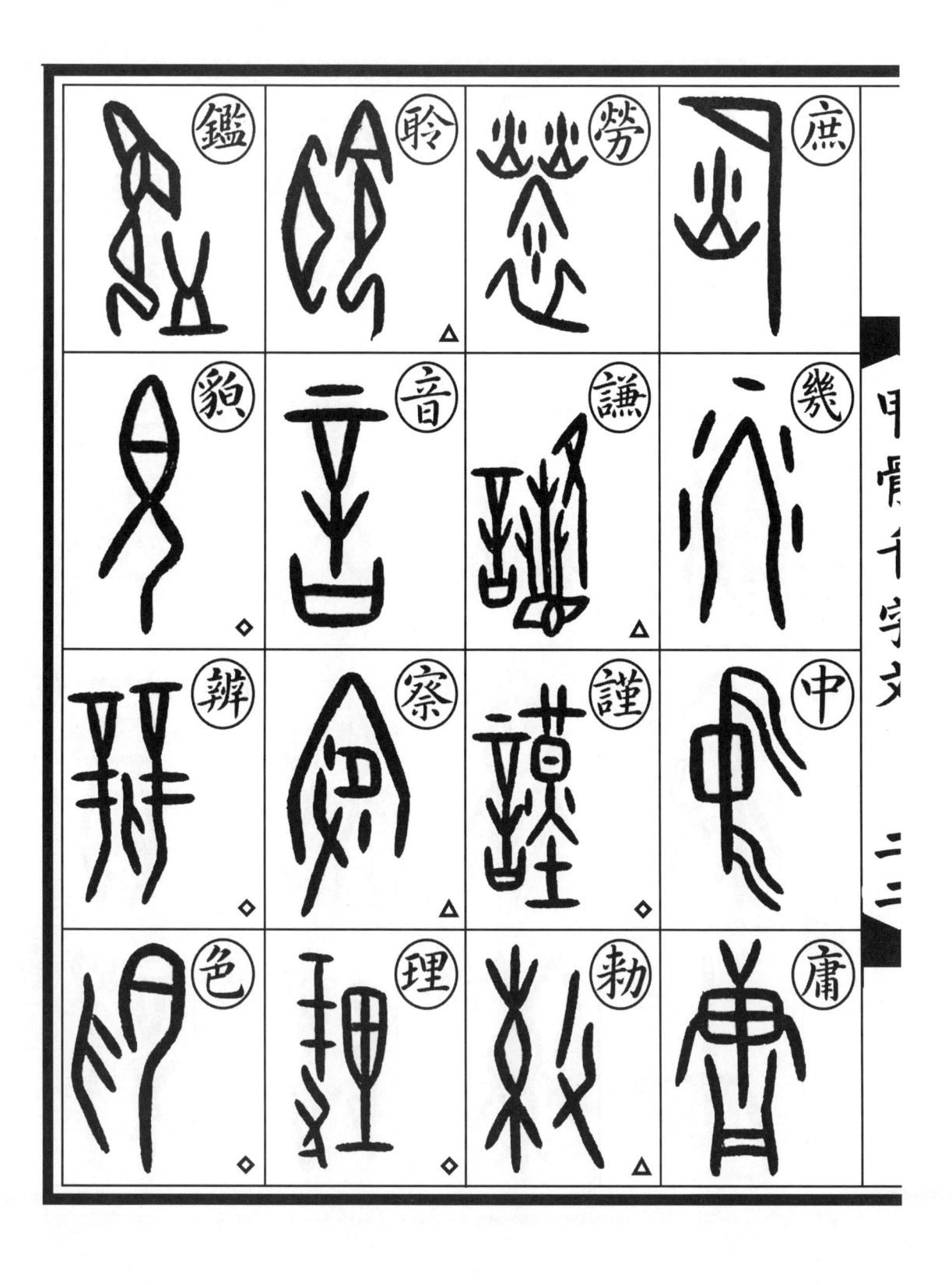

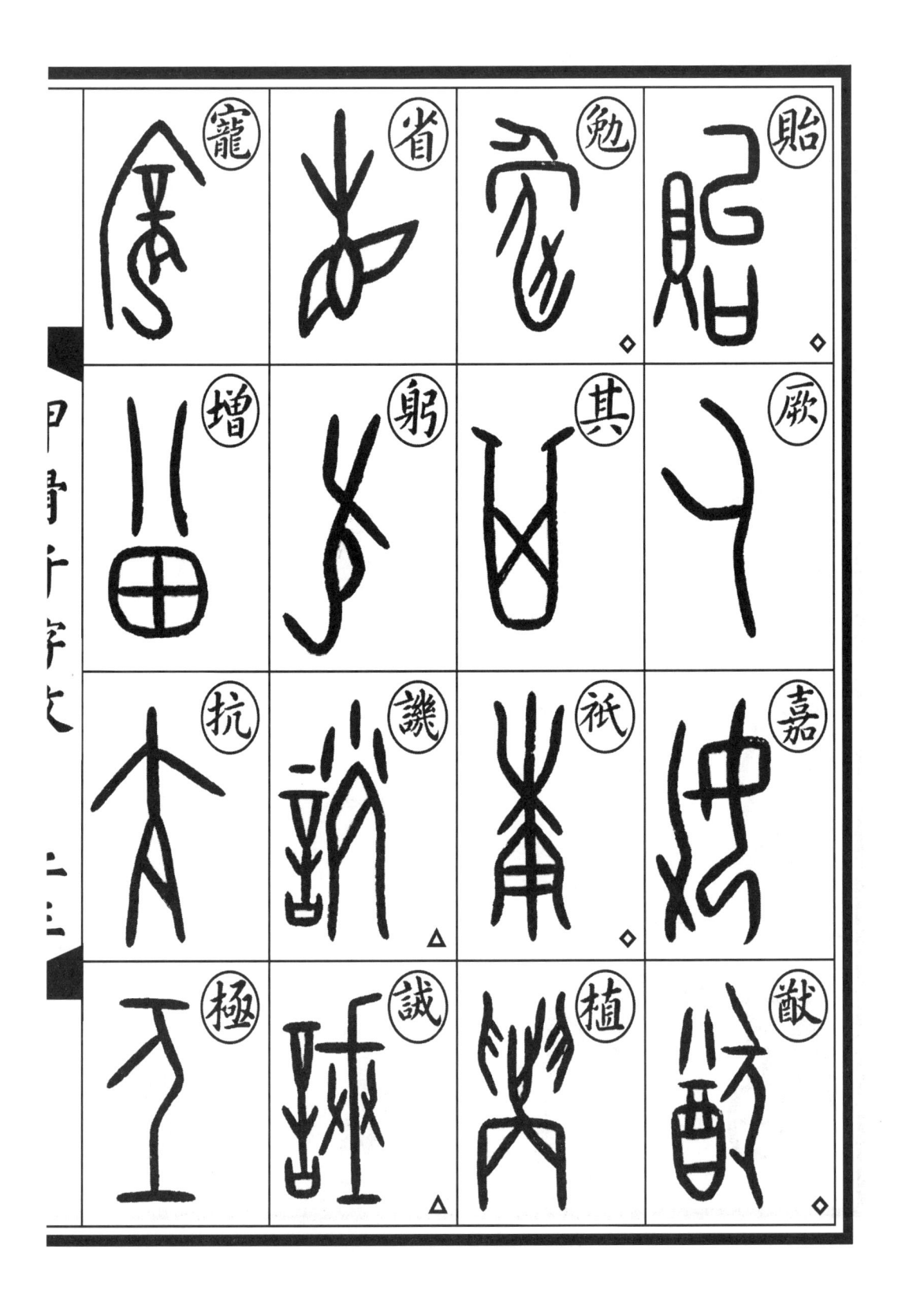

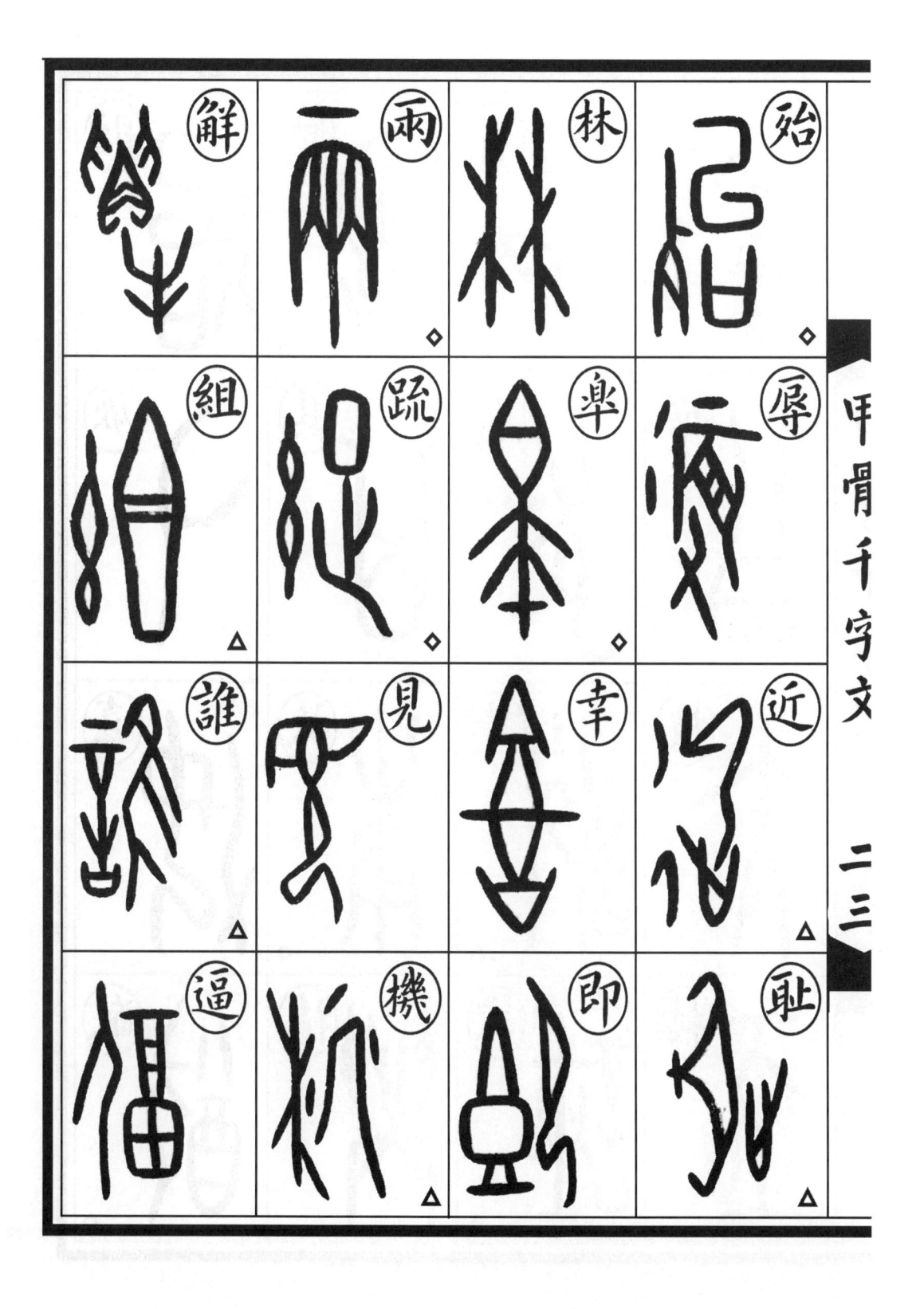

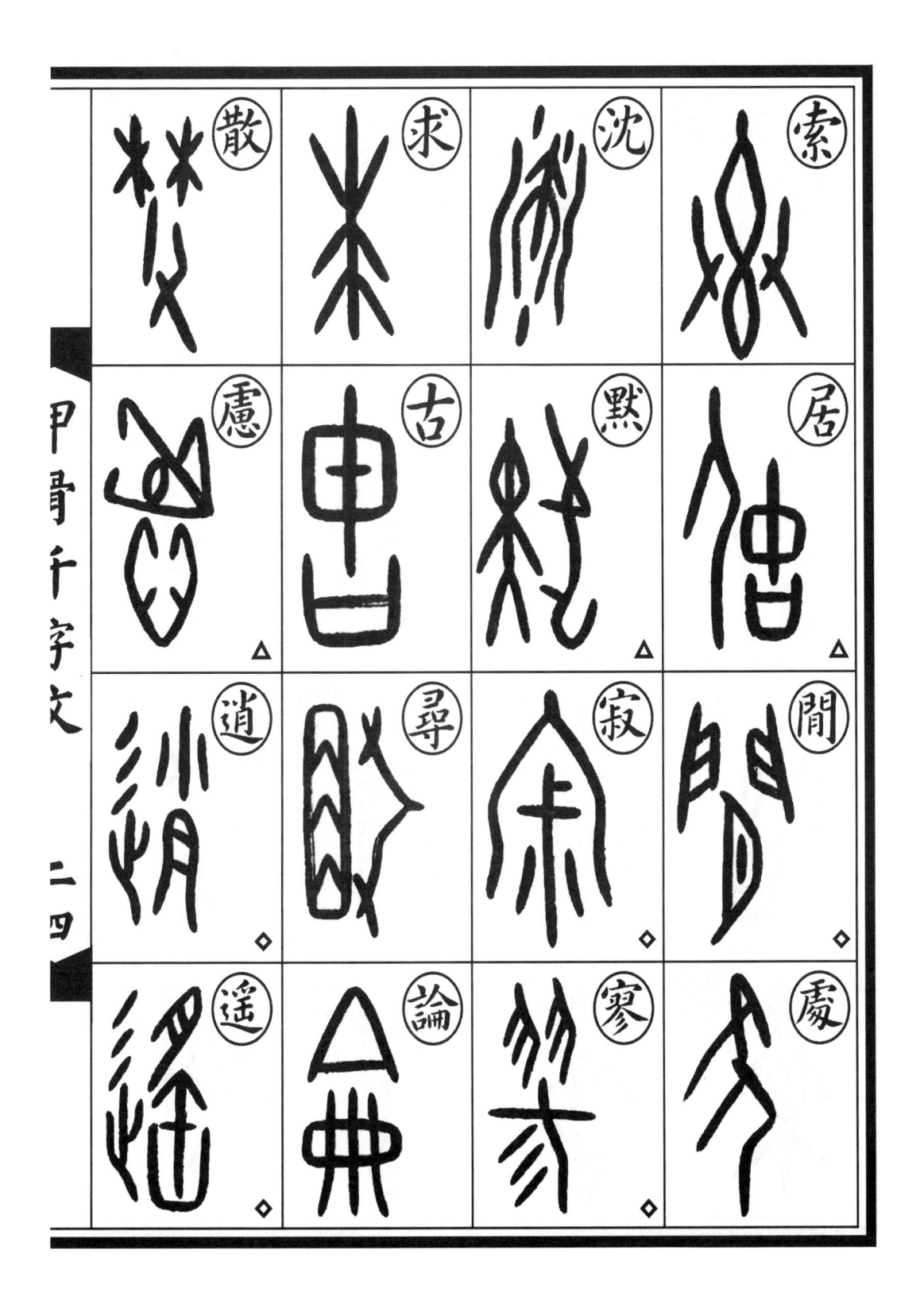

甲骨千字文　二四

| 散 | 求 | 沈 | 索 |
| 憲 | 古 | 黙 | 居 |
| 逍 | 尋 | 寂 | 聞 |
| 遙 | 論 | 寥 | 處 |

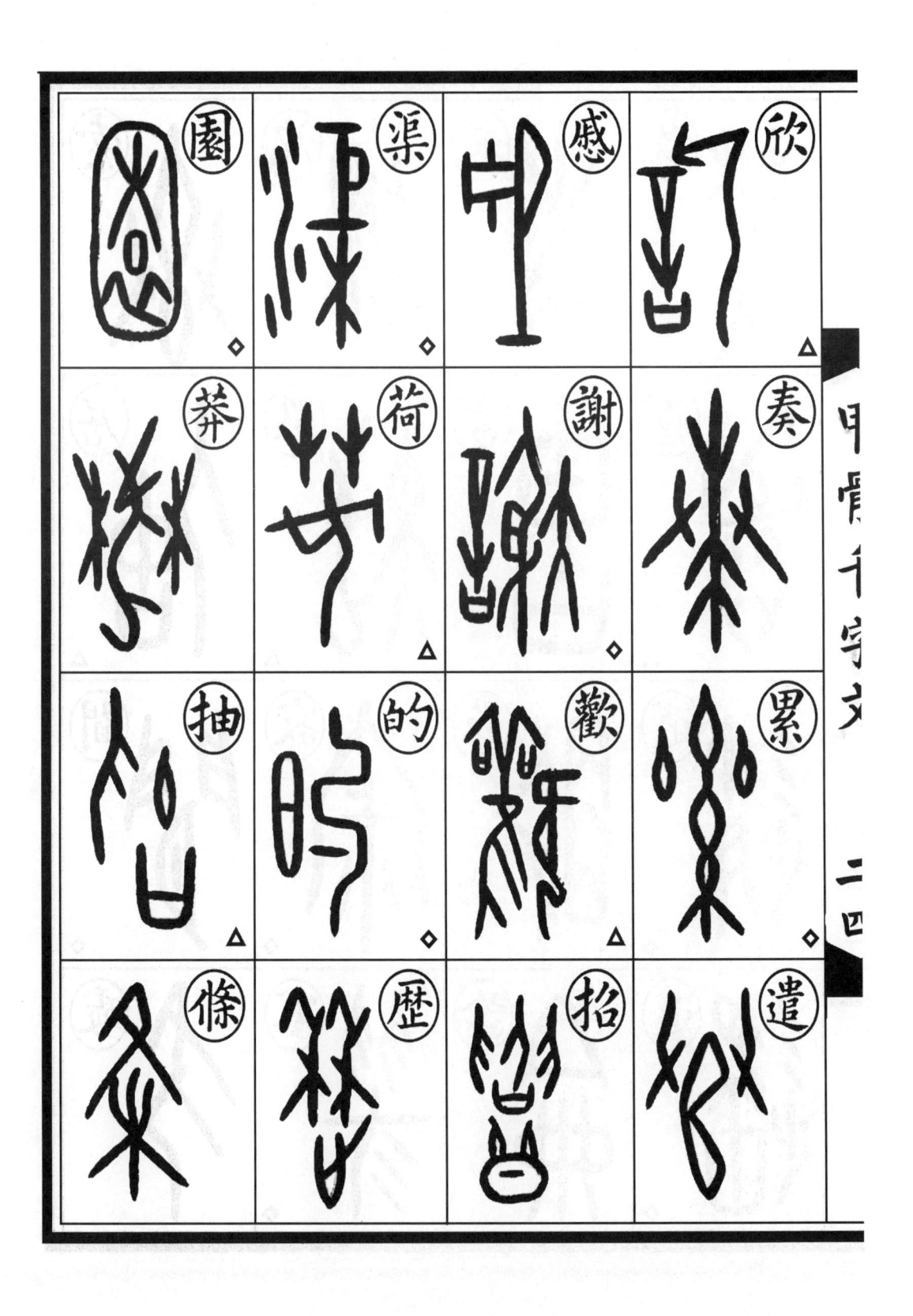

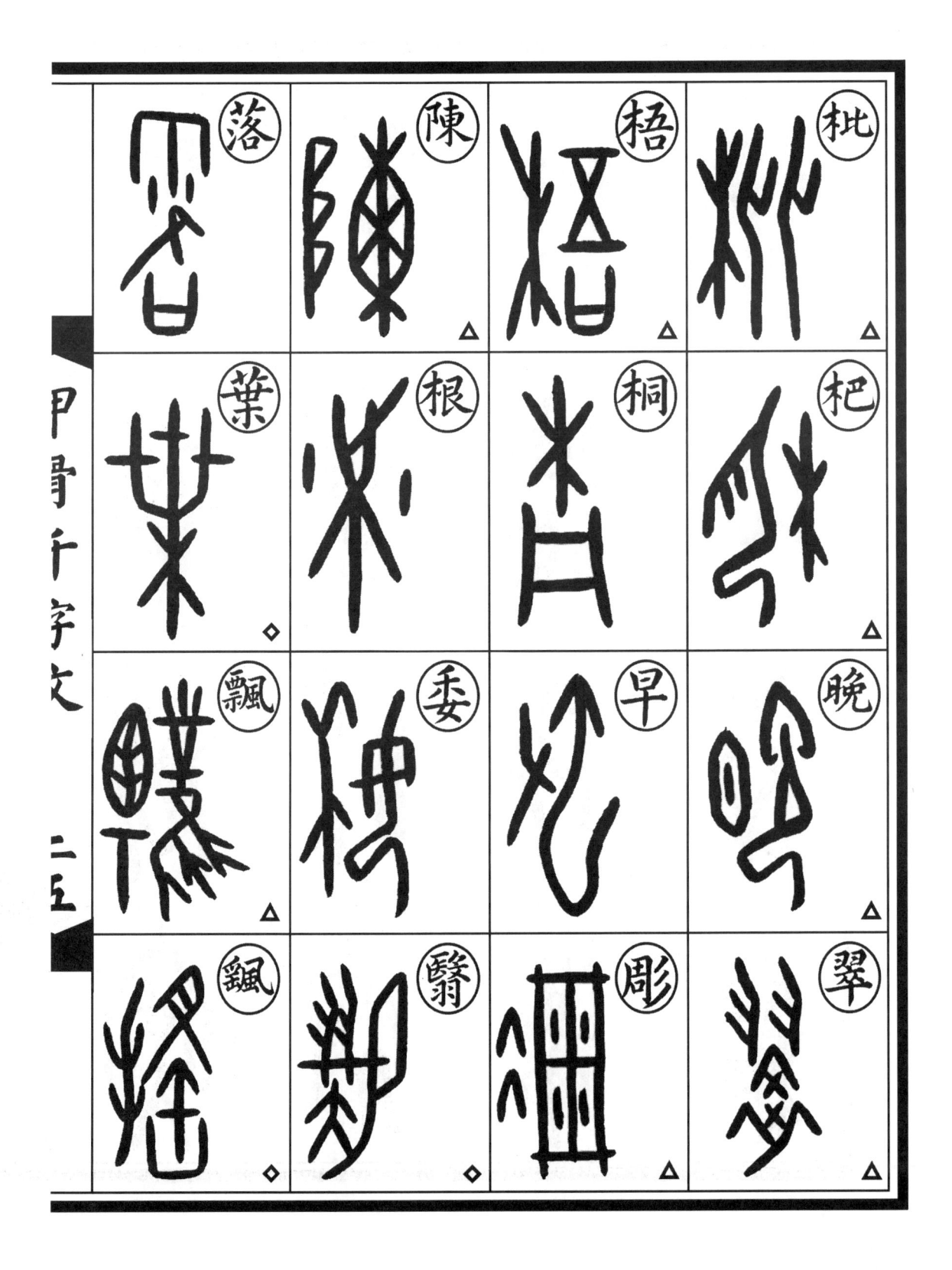

落 陳 梧 枇
葉 根 桐 杷
飄 委 早 晚
颻 翳 彫 翠

甲骨千字文 二五

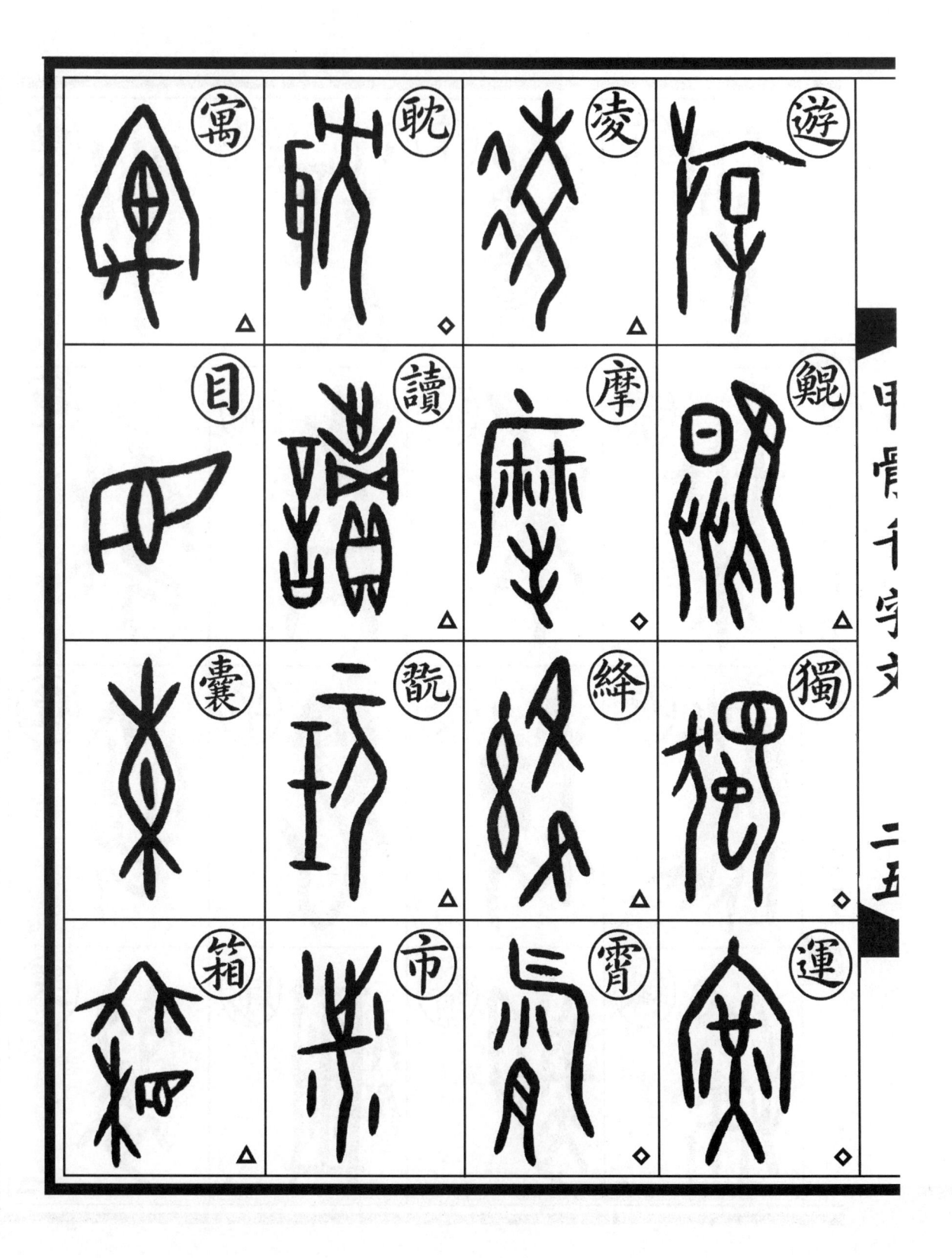

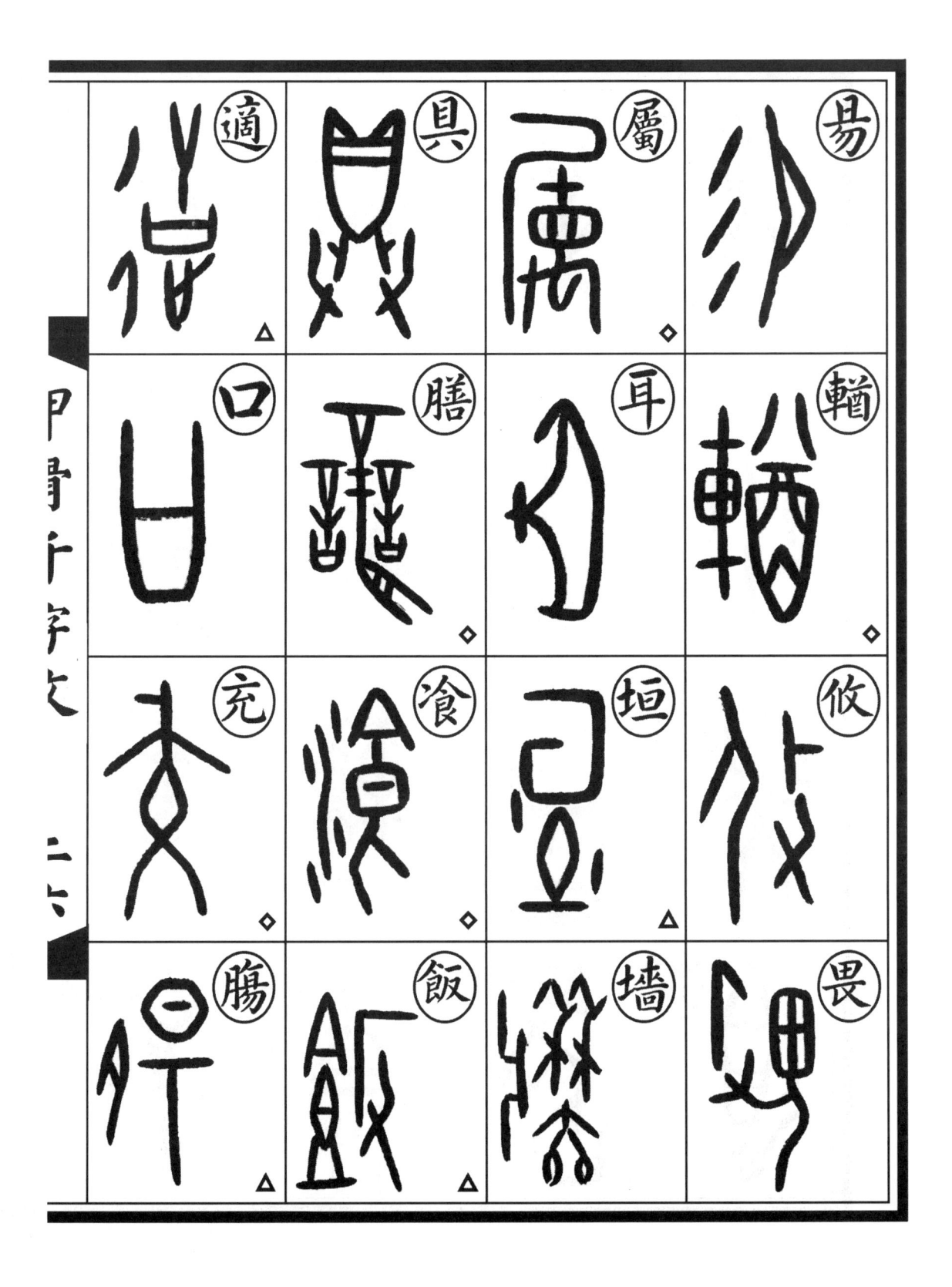

| 適 | 具 | 屬 | 易 |
|---|---|---|---|
| 口 | 膳 | 耳 | 輶 |
| 充 | 飡 | 垣 | 攸 |
| 膓 | 飯 | 墻 | 畏 |

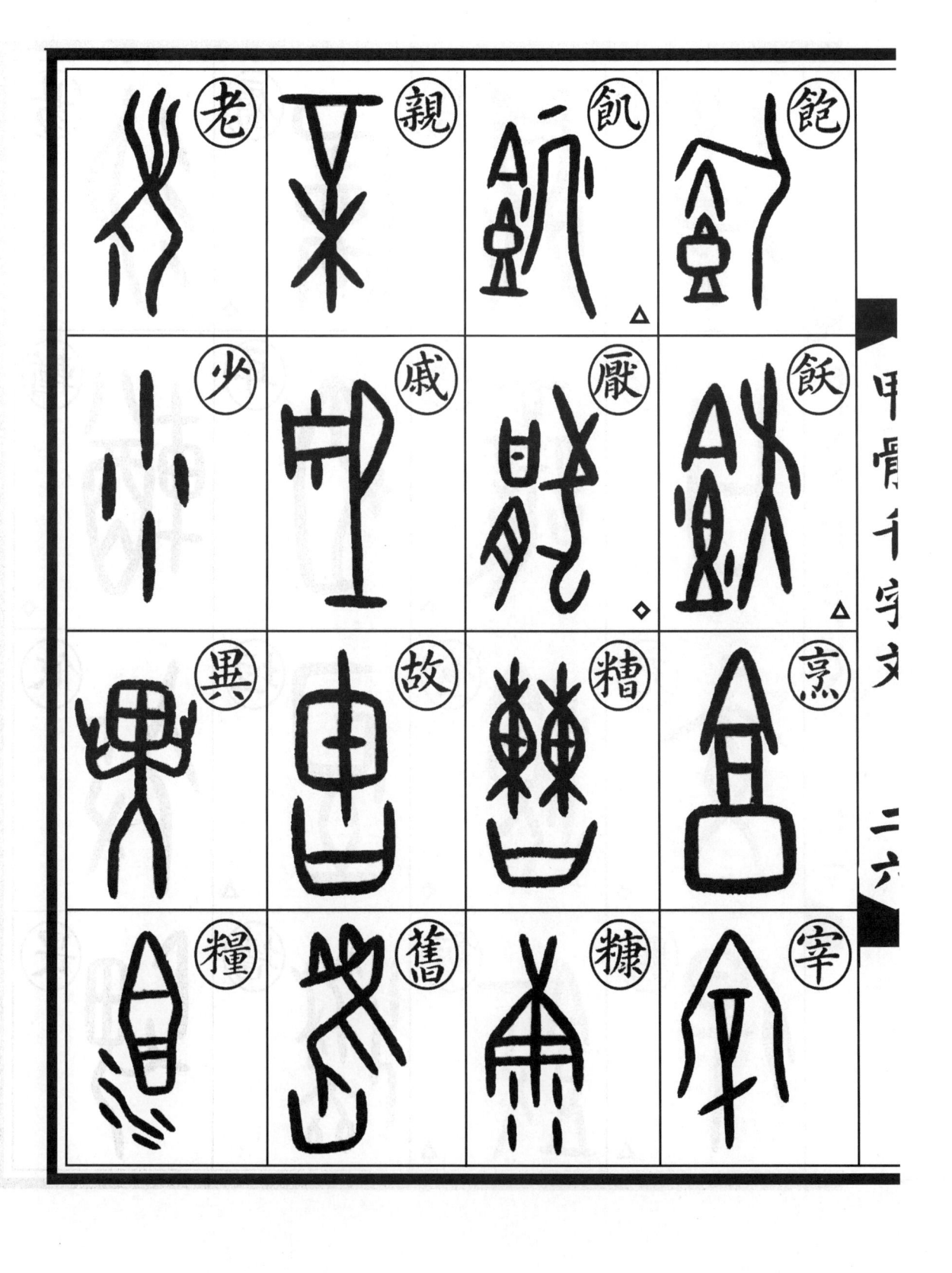

老 親 飢 飽
少 戚 厭 飫
異 故 糟 烹
糧 舊 糠 宰

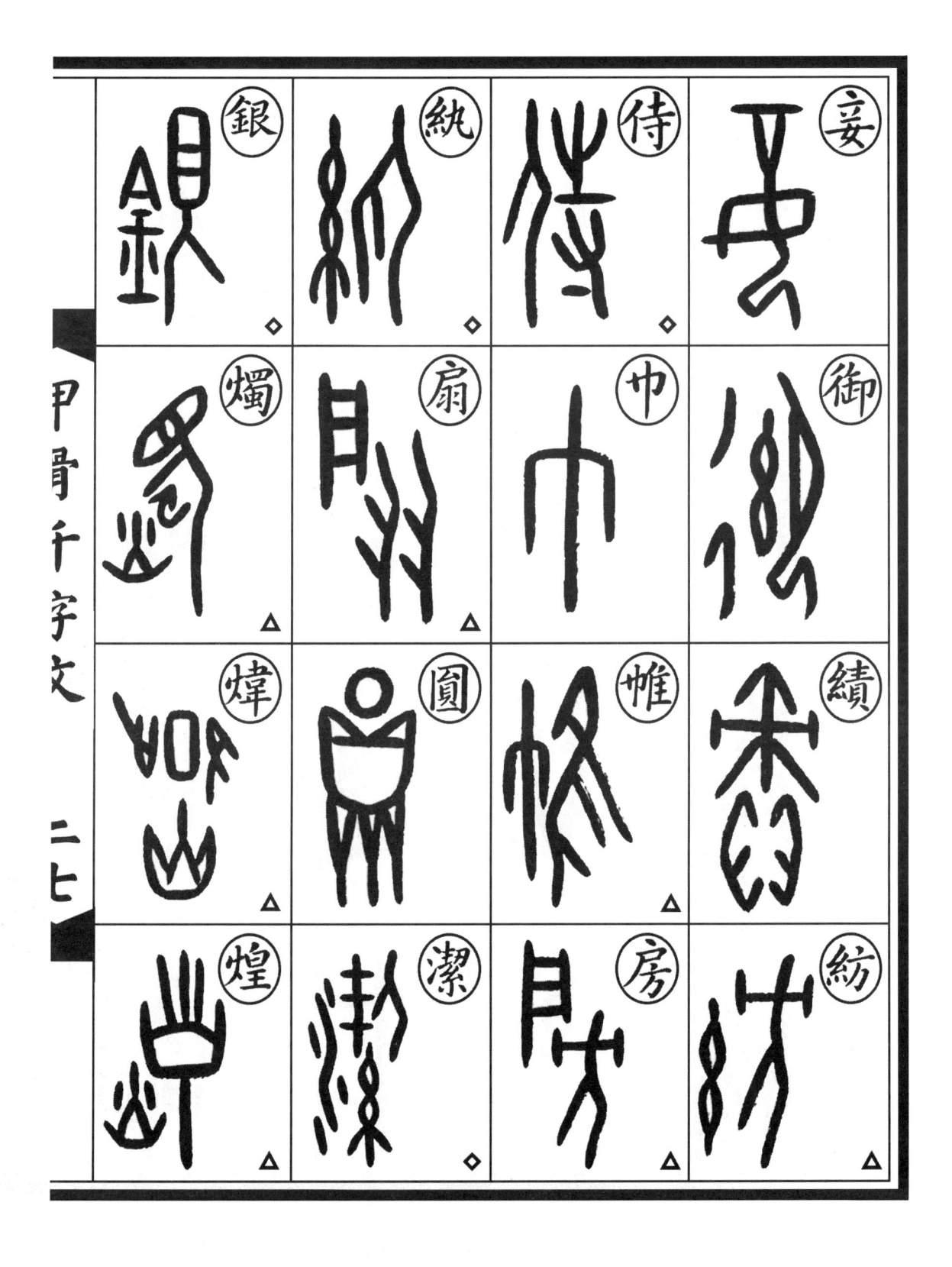

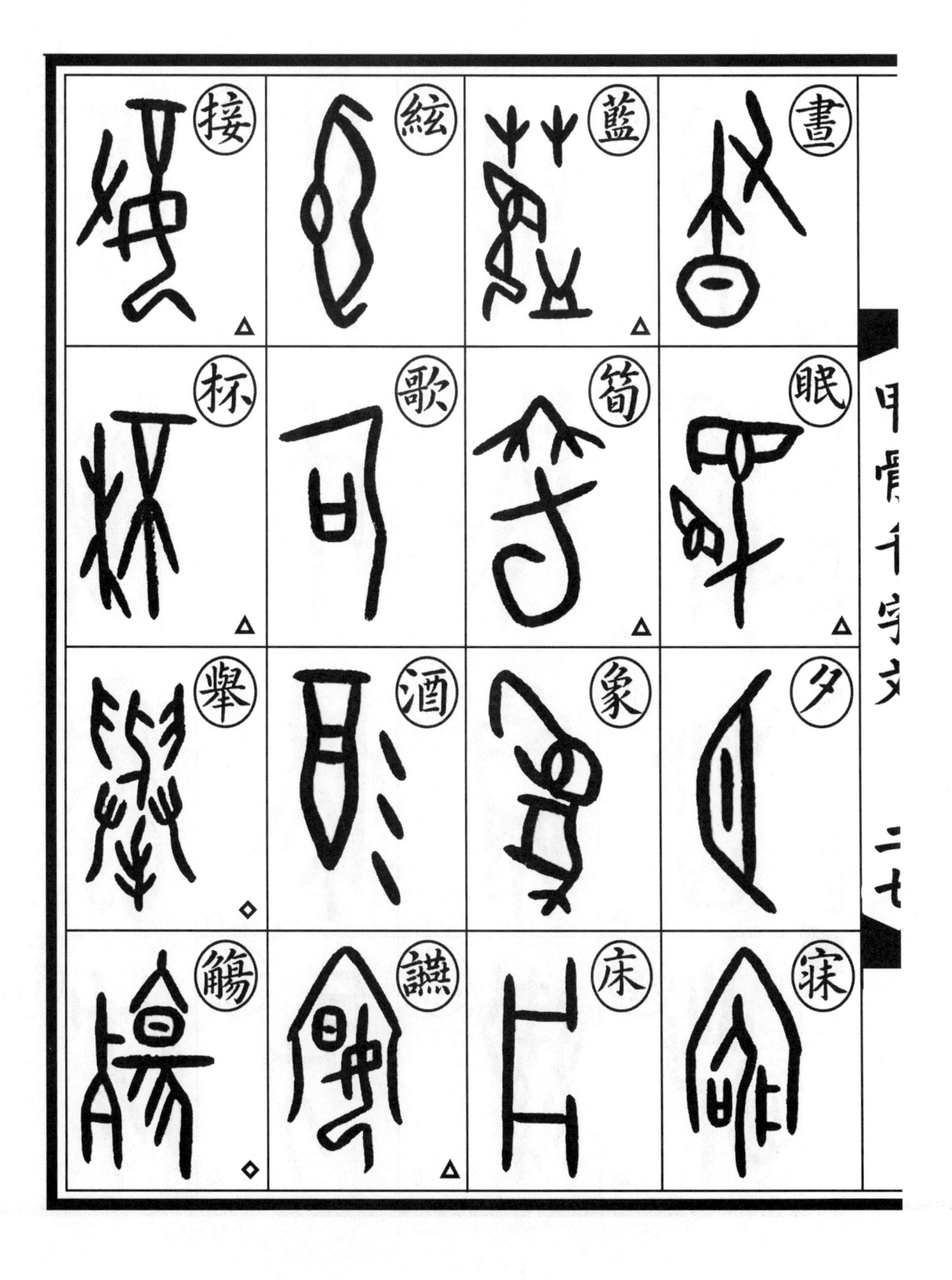

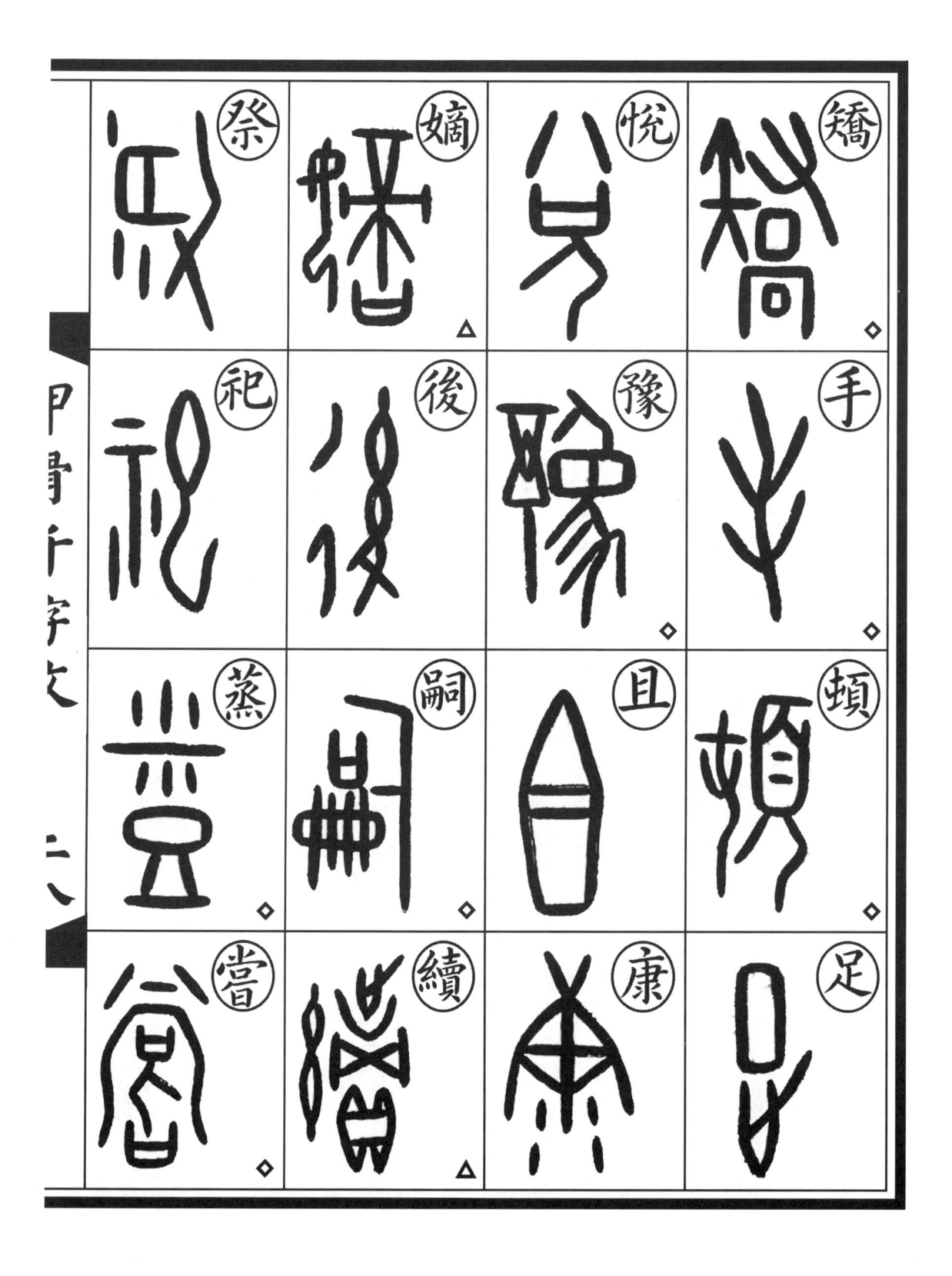

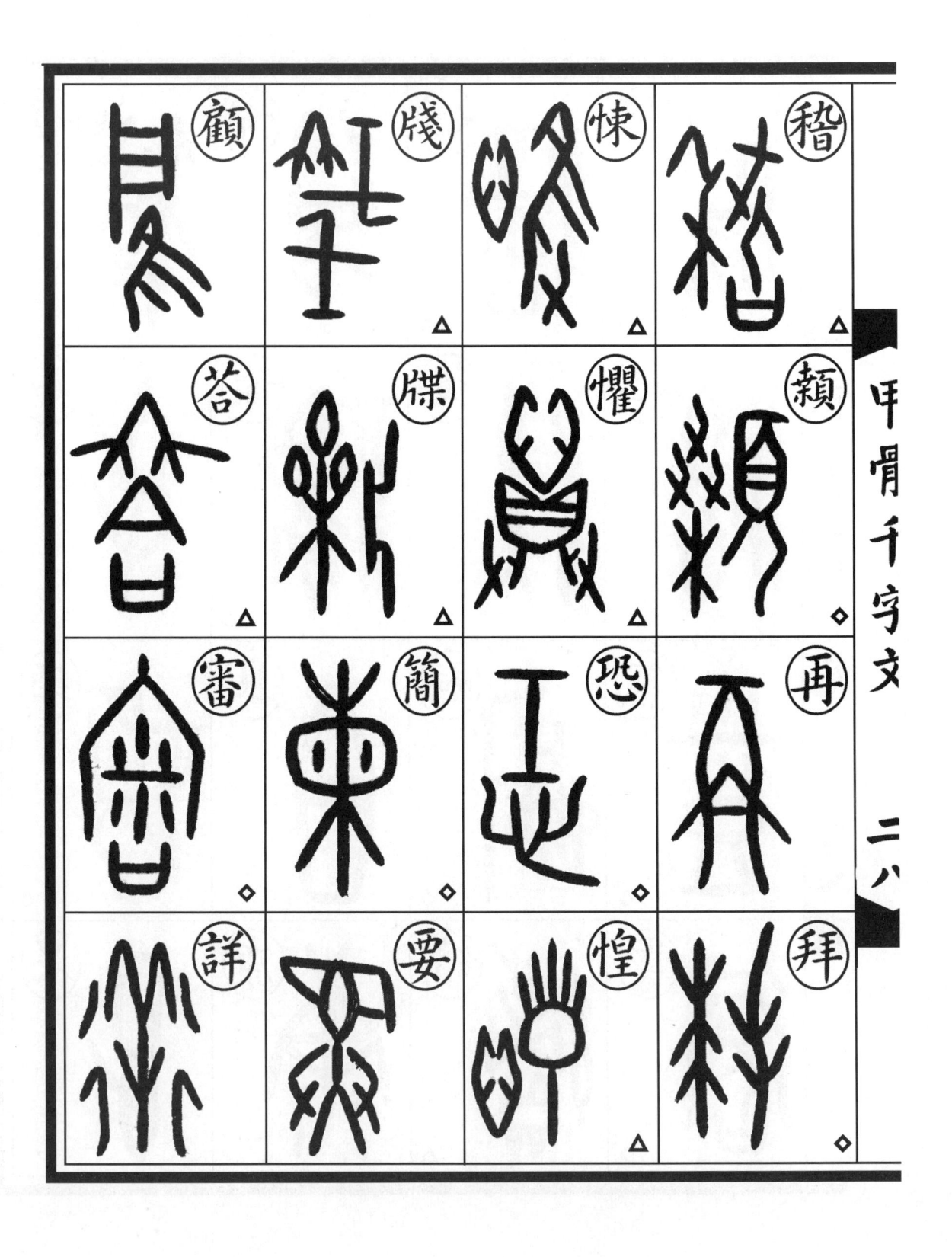

| 駭 | 執 | 驢 | 駿 |
|---|---|---|---|
| 垢 | 熱 | 驟 | 躍 |
| 想 | 願 | 犢 | 超 |
| 浴 | 凉 | 特 | 驤 |

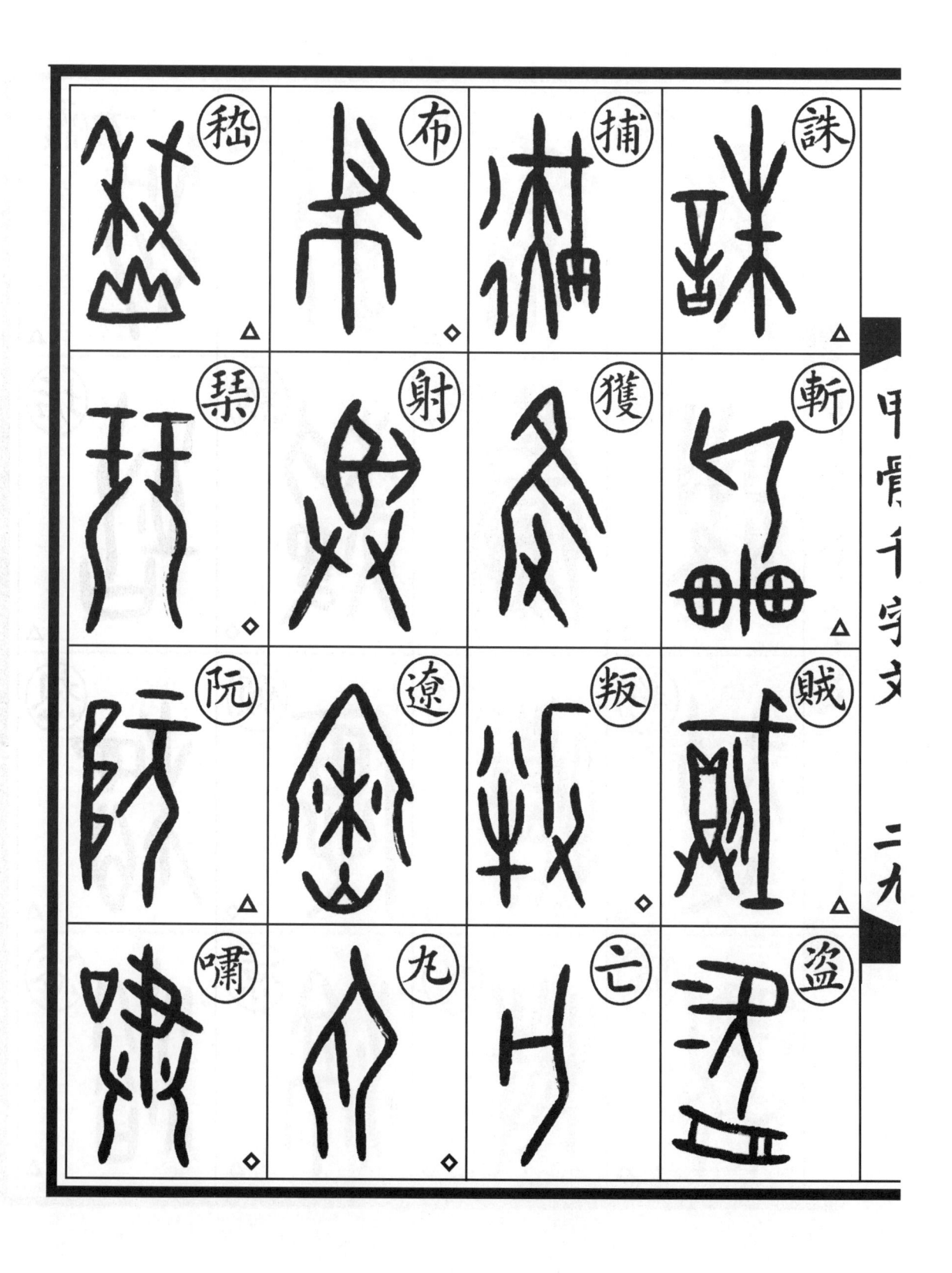

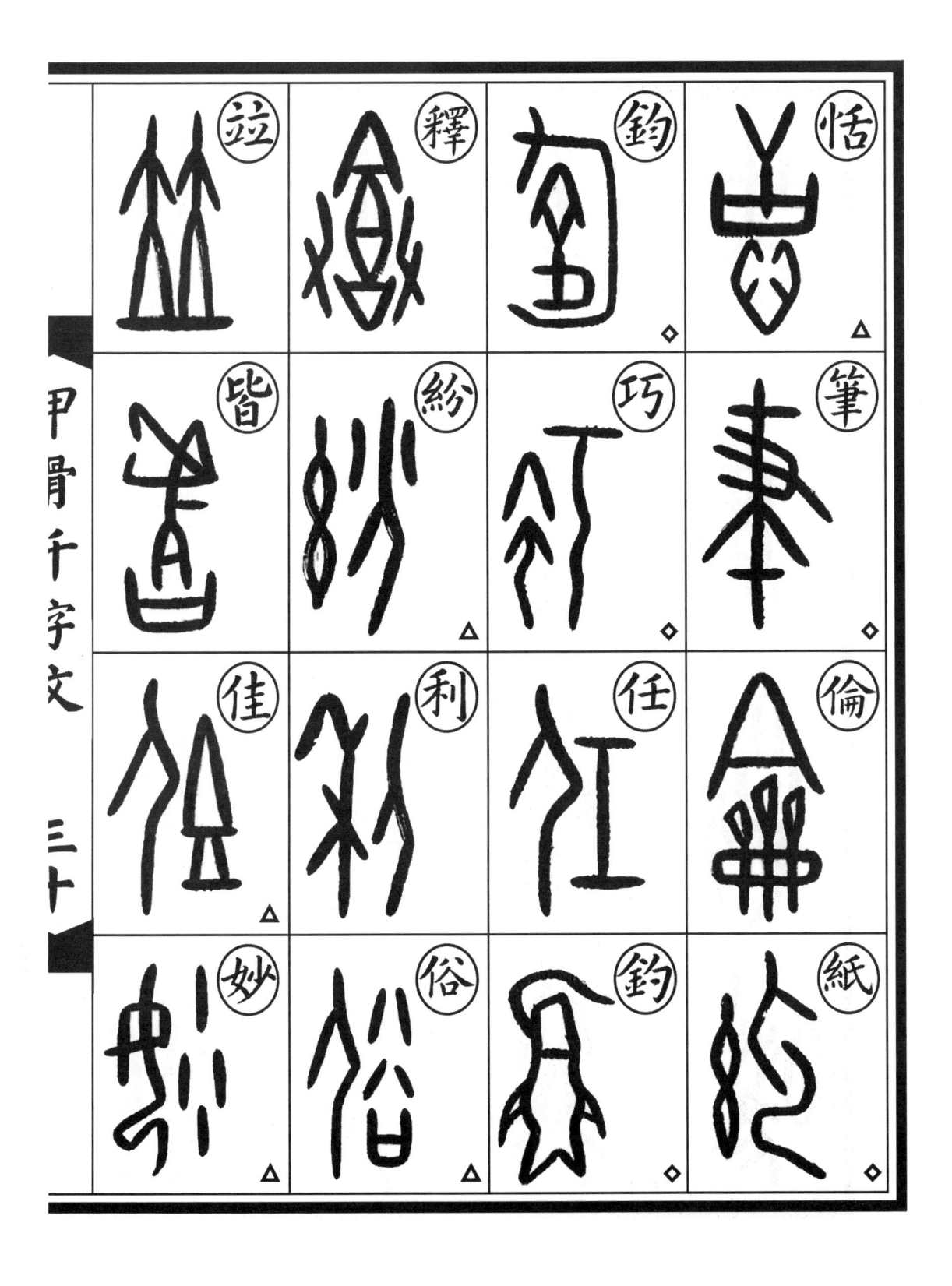

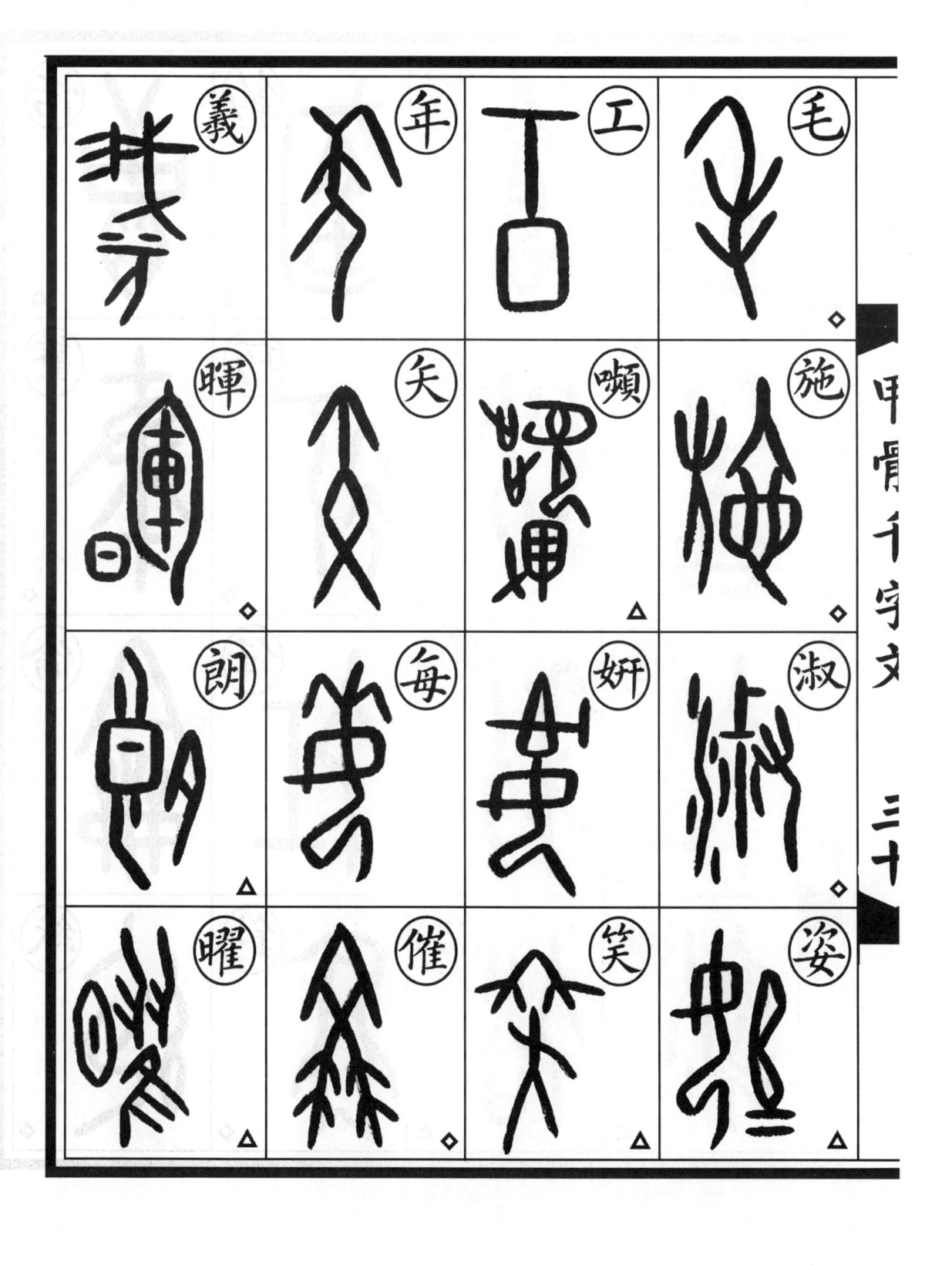

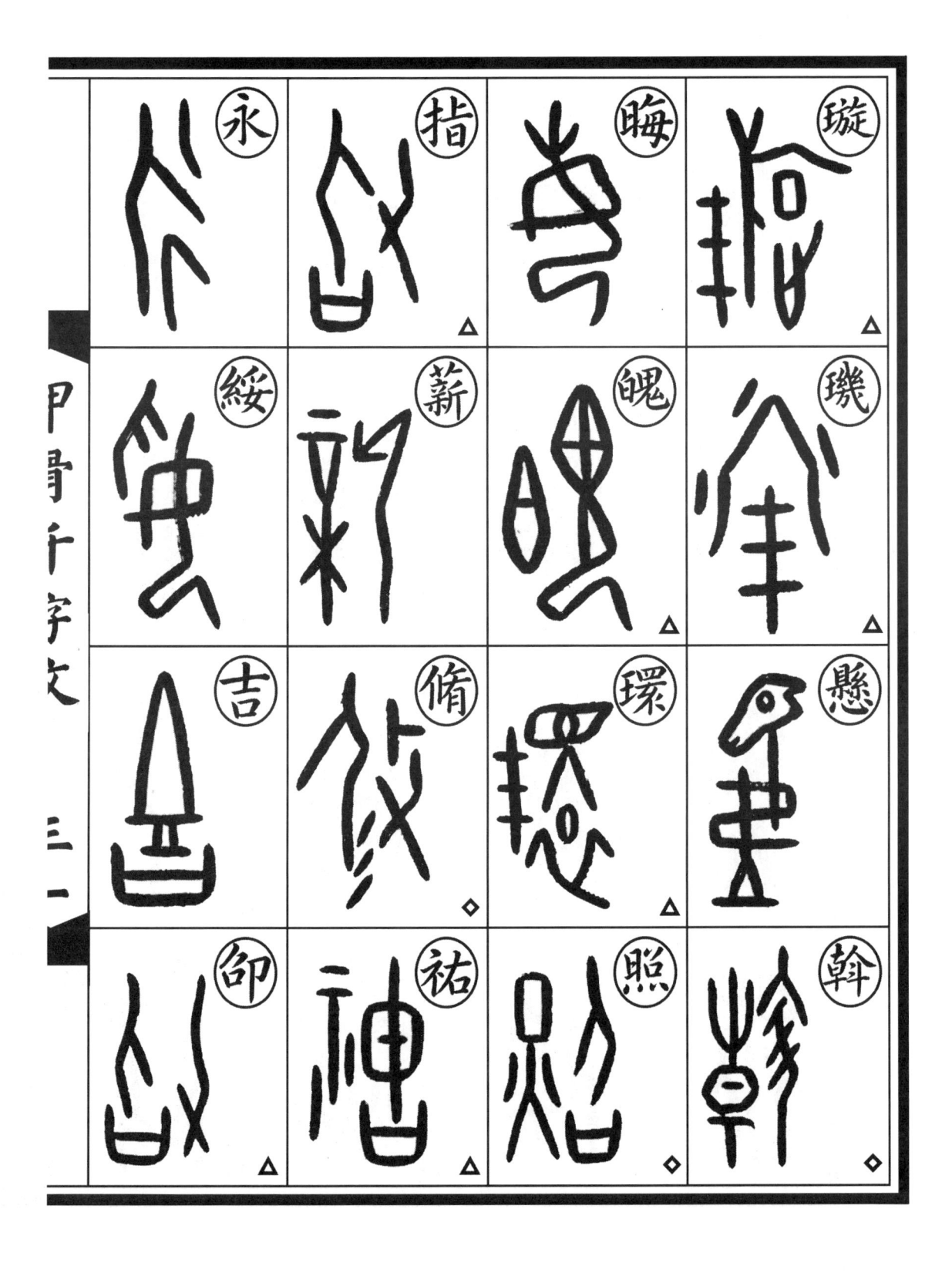

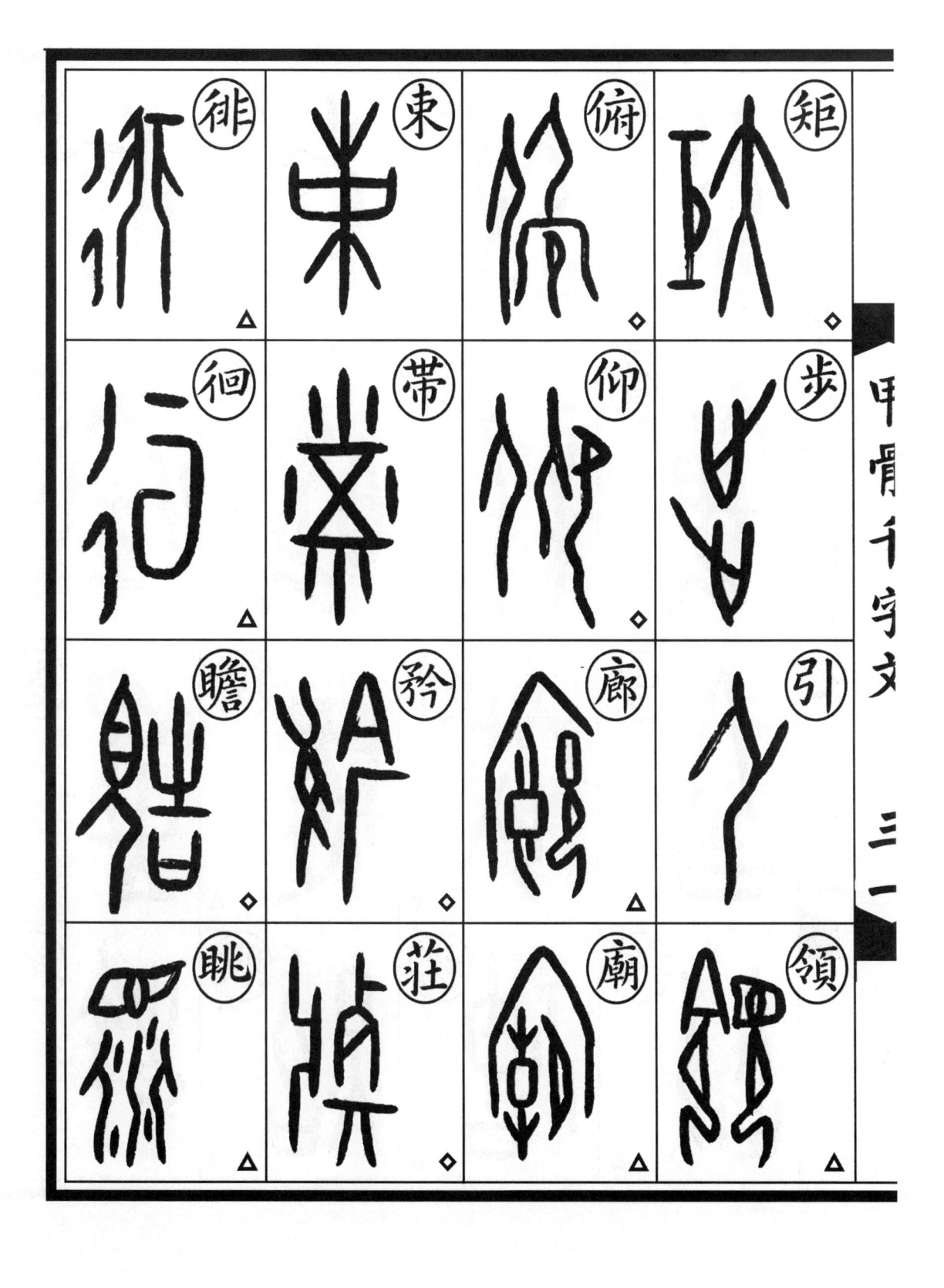

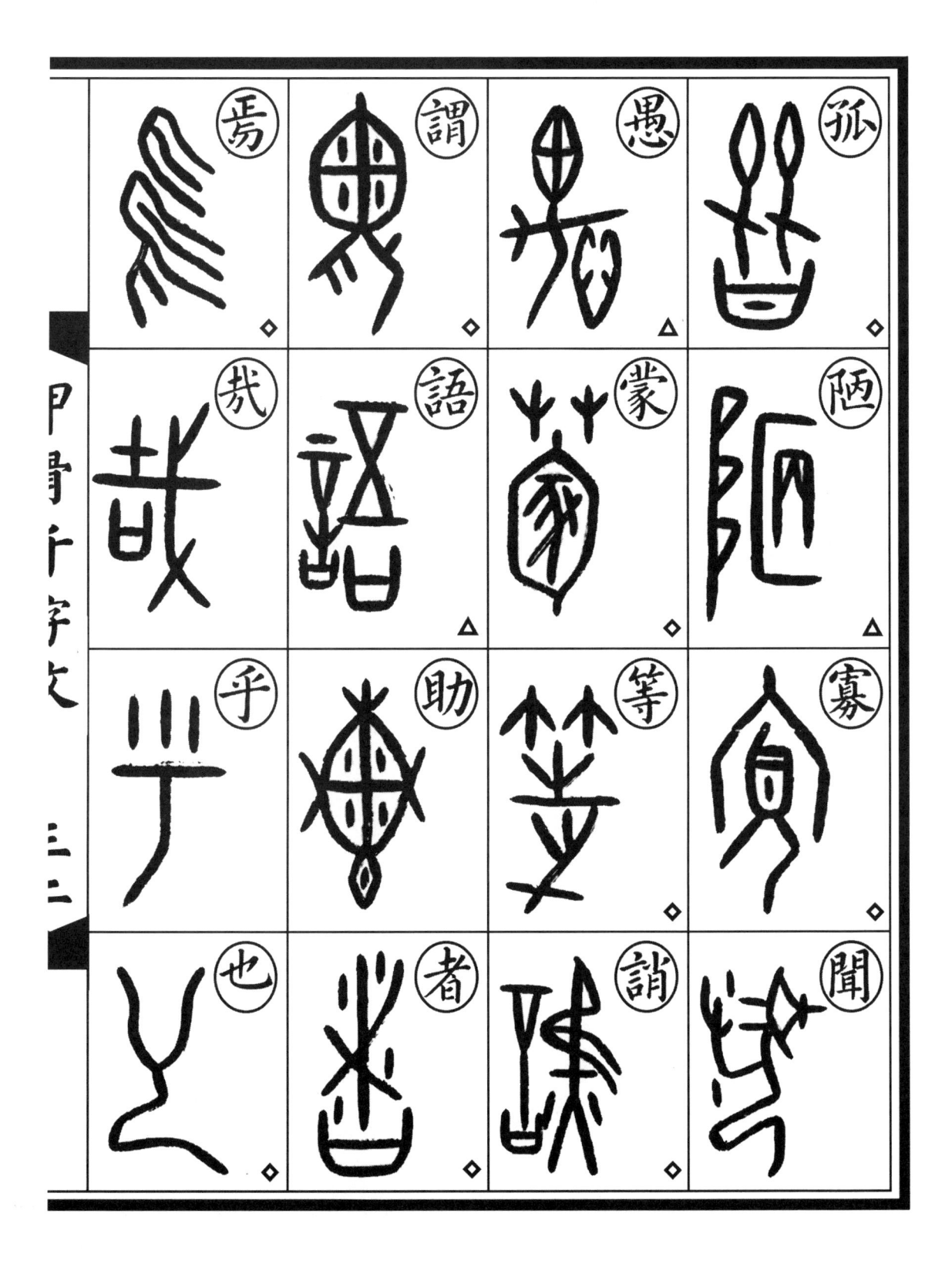

| 焉 | 謂 | 愚 | 孤 |
| 哉 | 語 | 蒙 | 陋 |
| 乎 | 助 | 等 | 寡 |
| 也 | 者 | 誚 | 聞 |

# 『천자문』직해

**1.**

天地玄黃(천지현황), 宇宙洪荒(우주홍황).

하늘과 땅은 검고 누르며, 우주(宇宙)는 광활하고 거칠다.

**2.**

日月盈昃(일월영측), 辰宿列張(진숙열장).

해와 달은 차고 기울며, 12진(辰)과 28수(宿)가 펼쳐져 있다.

**3.**

寒來暑往(한래서왕), 秋收冬藏(추수동장).

추위가 오면 더위는 가고, 가을에는 거두며 겨울에는 간직한다.

**4.**

閏餘成歲(윤여성세), 律呂調陽(율려조양).

윤달로 해를 이루고, 율려(律呂)로 음양(陰陽)을 조화롭게 한다.

**5.**

雲騰致雨(운등치우), 露結爲霜(로결위상).

구름이 올라가 비를 내리고, 이슬은 맺혀 서리가 된다.

**6.**

金生麗水(금생려수), 玉出崑岡(옥출곤강).

금은 여수(麗水)에서 생산되고, 옥은 곤강(崑岡: 곤륜산)에서 나온다.

7.

劍號巨闕(검호거궐), 珠稱夜光(주칭야광).

**칼이라면 거궐(巨闕)을 말할 수 있고, 구슬이라면 야광(夜光)을 일컬을 수 있다.**

8.

果珍李柰(과진이내), 菜重芥薑(채중개강).

**과일은 자두와 능금을 귀하게 여기고, 채소는 겨자와 생강을 중히 여긴다.**

9.

海鹹河淡(해함하담), 鱗潛羽翔(인잠우상).

**바닷물은 짜고 강물은 담백하며, 비늘 있는 물고기는 잠기고 깃털 있는 새는 날아 오른다.**

10.

龍師火帝(용사화제), 鳥官人皇(조관인황).

**용을 상징으로 삼은 스승(복희씨)과 불을 상징으로 삼은 제왕(신농씨), 새를 관 직명으로 삼은 사람(소호씨)과 인문의 세상을 연 황제(黃帝)가 있었다.**

11.

始制文字(시제문자), 乃服衣裳(내복의상).

**비로소 문자를 만들고, 이에 옷을 입었다.**

12.

推位讓國(추위양국), 有虞陶唐(유우도당).

**왕위를 물려주고 나라를 양도함이 있어, 유우씨(有虞氏: 순임금)와 도당씨(陶唐 氏: 요임금)가 있었다.**

13.

弔民伐罪(조민벌죄), 周發殷湯(주발은탕).

**백성을 위로하고 죄 지은 자를 정벌한 자는 주나라 발(發: 무왕)과 은나라 탕 (湯)임금이었다.**

**14.**

坐朝問道(좌조문도), 垂拱平章(수공평장).

조정에 앉아 도(道)를 물으니, 옷자락을 늘어뜨리고 팔짱을 끼고 있어도 (정사가) 공평하게 다스려진다.

**15.**

愛育黎首(애육려수), 臣伏戎羌(신복융강).

백성을 (친자식처럼) 사랑하고 기르니, 오랑캐들도 신하로서 복종한다.

**16.**

遐邇壹體(하이일체), 率賓歸王(율빈귀왕).

멀고 가까운 곳이 한 몸이 되어, 모두가 빈객으로서 왕에게 귀의한다.

**17.**

鳴鳳在樹(명봉재수), 白駒食場(백구식장).

우는 봉황은 나무에 깃들여 있고, 흰 망아지는 마당에서 풀을 뜯고 있다.

**18.**

化被草木(화피초목), 賴及萬方(뇌급만방).

교화는 풀과 나무에까지 미치고, 은혜가 온 세상에 미친다.

**19.**

蓋此身髮(개차신발), 四大五常(사대오상).

무릇 이 몸과 터럭은 사대(四大: 하늘·땅·임금·부모)와 오상(五常: 仁·義·禮·智·信)을 갖추고 있다.

**20.**

恭惟鞠養(공유국양), 豈敢毀傷(기감훼상).

공경히 생각건대 (부모님께서) 키우고 기르셨으니, 어찌 감히 (몸을) 훼손하고 상하게 하겠는가.

21.

女慕貞烈(여모정렬), 男效才良(남효재량).

여자는 정숙함과 열녀의 행실을 사모하고, 남자는 재주와 어짊을 본받는다.


22.

知過必改(지과필개), 得能莫忘(득능막망).

과오를 알면 반드시 고쳐야 하고, 능력을 얻은 후에는 잊지 말아야 한다.


23.

罔談彼短(망담피단), 靡恃己長(미시기장).

남의 단점을 말하지 말고, 자신의 장점을 믿고 의지하지 말라.


24.

信使可覆(신사가복), 器欲難量(기욕난량).

신뢰는 반복해서 확인할 수 있게 하고, 그릇은 (양을) 헤아리기 어렵게 하라.


25.

墨悲絲染(묵비사염), 詩讚羔羊(시찬고양).

묵자(墨子)는 실이 물들여지는 것을 보고 슬퍼했고, 시경(詩經)에서는 「고양(羔羊)」시를 찬미했다.


26.

景行維賢(경행유현), 克念作聖(극념작성).

큰 길을 걷는 사람은 현인(賢人)이 되고, 자질한 생각을 이겨내면 성인(聖人)이 된다.


27.

德建名立(덕건명립), 形端表正(형단표정).

덕을 쌓으면 명성이 서고, 몸가짐이 바르면 겉모습도 바르게 된다.


28.

空谷傳聲(공곡전성), 虛堂習聽(허당습청).

빈 골짜기에서도 소리는 전해지는 법이고, 빈 집에서도 (성인의 말씀을) 익혀 들어야 한다.

29.

禍因惡積(화인악적), 福緣善慶(복연선경).

재앙은 악행이 쌓여서 생기고, 복은 선행의 경사로 인해 온다.


30.

尺璧非寶(척벽비보), 寸陰是競(촌음시경).

한 자의 큰 옥이라고해서 보배가 아니요, 한 치의 짧은 시간이라도 다투어야
한다.


31.

資父事君(자부사군), 曰嚴與敬(왈엄여경).

아버지를 모시고 임금을 섬길 때에는, 엄숙함과 공경함이 있어야 한다.


32.

孝當竭力(효당갈력), 忠則盡命(충즉진명).

효도는 마땅히 힘을 다해야 하고, 충성은 목숨을 바쳐야 한다.


33.

臨深履薄(임심리박), 夙興溫凊(숙흥온청).

깊은 물에 임한 듯 얇은 얼음을 밟듯 조심하고, 일찍 일어나 (부모님의) 온기
를 살펴야한다.


34.

似蘭斯馨(사란사형), 如松之盛(여송지성).

난초와 같이 향기롭고, 소나무와 같이 무성하다.


35.

川流不息(천류불식), 淵澄取映(연징취영).

강물은 쉬지 않고 흐르고, 깊은 못은 맑아서 비춰진다.

**36.**

容止若思(용지약사), 言辭安定(언사안정).

**용모와 행동은 생각하는 듯하고, 언사는 안정되어 있어야 한다.**

**37.**

篤初誠美(독초성미), 愼終宜令(신종의령).

**시작을 독실하게 하면 참으로 아름답고, 끝맺음을 신중히 하면 분명 좋게 된다.**

**38.**

榮業所基(영업소기), 籍甚無竟(적심무경).

**(이는) 영광스러운 사업의 기초이며, 그 공적이 끝이 없게 될 것이다.**

**39.**

學優登仕(학우등사), 攝職從政(섭직종정).

**학문이 뛰어나면 벼슬에 오르고, 관직을 맡아 정사를 돌보게 된다.**

**40.**

存以甘棠(존이감당), 去而益詠(거이익영).

**감당나무 아래에 머물러 있을 때도, 떠나간 뒤에도 더더욱 찬미하였다.**

**41.**

樂殊貴賤(악수귀천), 禮別尊卑(예별존비).

**음악은 귀천을 구별하고, 예(禮)는 존비를 구분해 준다.**

**42.**

上和下睦(상화하목), 夫唱婦隨(부창부수).

**윗사람이 따사로워야 아랫사람이 화목하고, 남편이 주도해야 아내가 뒤따른다.**

**43.**

外受傅訓(외수부훈), 入奉母儀(입봉모의).

**밖에서는 스승의 가르침을 받고, 집에 들어와서는 어머니의 모습을 받든다.**

44.

諸姑伯叔(제고백숙), 猶子比兒(유자비아).

(부모의) 자매들과 형제들은, 자식을 대하듯 조카를 대해야 한다.


45.

孔懷兄弟(공회형제), 同氣連枝(동기연지).

형제를 깊이 품에 안으니, 같은 기운을 받아 연결된 가지와 같다.


46.

交友投分(교우투분), 切磋箴規(절차침규).

벗을 사귈 때에는 (깊은) 정을 함께 나누어야 하고, 서로 절차탁마하며 경계하고 바로잡아야 한다.


47.

仁慈隱惻(인자은측), 造次弗離(조차불리).

인자하고 측은히 여기는 마음을, 잠깐이라도 떠나서는 아니 된다.


48.

節義廉退(절의염퇴), 顚沛匪虧(전패비휴).

절개와 의리, 청렴과 겸양을, 위태로운 상황에서도 손상시키지 않는다.


49.

性靜情逸(성정정일), 心動神疲(심동신피).

본성이 고요하면 감정이 편안하고, 마음이 흔들리면 심신이 피곤해진다.


50.

守眞志滿(수진지만), 逐物意移(축물의이).

진실 됨을 지키면 뜻이 충만해지고, 외물을 쫓으면 의지가 변한다.


51.

堅持雅操(견지아조), 好爵自縻(호작자미).

고상한 지조를 굳게 지키면, 좋은 지위가 저절로 따라온다.

**52.**

都邑華夏(도읍화하), 東西二京(동서이경).

**화화(華夏: 중국)의 도읍은 동경(낙양)과 서경(서안) 두 곳이 있다.**


**53.**

背邙面洛(배망면락), 浮渭據涇(부위거경).

**(이들은) 망산(邙山)을 등지고 낙수(洛水)를 마주하며, 위수(渭水)를 위로 띄우고 경수(涇水)를 움켜진 곳이다.**


**54.**

宮殿盤鬱(궁전반울), 樓觀飛驚(누관비경).

**궁전은 웅장하게 서 있고, 누각은 날아가듯 높이 솟아 놀랄만하다.**


**55.**

圖寫禽獸(도사금수), 畫綵仙靈(화채선령).

**온갖 짐승들을 그림으로 그렸고, 신선과 신령스런 것들을 채색으로 넣었다.**


**56.**

丙舍傍啓(병사방계), 甲帳對楹(갑장대영).

**신하들이 머무는 집은 옆으로 열려 있고, 눈부신 가림 막은 기둥을 마주하고 있다.**


**57.**

肆筵設席(사연설석), 鼓瑟吹笙(고슬취생).

**자리를 펴고 방석을 깔며, 비파를 타고 생황을 분다.**


**58.**

陞階納陛(승계납폐), 弁轉疑星(변전의성).

**계단을 올라 대전에 들어가니, 관(冠)의 구슬이 별인 냥 빛난다.**

59.

右通廣內(우통광내), 左達承明(좌달승명).

오른쪽은 광내전(廣內殿)으로 통하고, 왼쪽은 승명전(承明殿)에 이른다.

60.

集憂墳典(집우분전), 亦聚群英(역취군영).

삼황오제의 경전을 다 모으고, 온 세상 뛰어난 사람들도 다 모아놓았다.

61.

杜稿鍾隷(두고종예), 漆書壁經(칠서벽경).

두조(杜操)의 초서와 종요(鍾繇)의 예서, 옻칠로 쓴 벽경(壁經: 벽에다 쓴 경전)이 있다.

62.

府羅將相(부라장상), 路遶槐卿(노리괴경).

관부에는 장수와 재상들이 늘어섰고, 길가에는 삼공과 구경들의 집이 줄지어 있다.

63.

戶封八縣(호봉팔현), 家給千兵(가급천병).

집에는 여덟 고을의 봉록이 주어지고, 가문에는 수천 명의 병사가 배정된다.

64.

高冠陪輦(고관배련), 驅轂振纓(구곡진영).

높은 관을 쓴 이들이 수레를 모시며, 말을 몰아 수레바퀴가 구를 때마다 갓끈이 흔들린다.

65.

世祿侈富(세록치부), 車駕肥輕(거가비경).

대대로 녹봉을 받아 부유하여 사치스러울 정도이며, 말은 살찌고 수레는 경쾌하다.

66.

策功茂實(책공무실), 勒碑刻銘(늑비각명).

공적을 기록하여 풍성한 실적을 남기고, 비석에 새겨 명문(銘文)을 파놓았다.

67.

磻溪伊尹(반계이윤), 佐時阿衡(좌시아형).

반계에서 낚시하던 강태공과 (상나라의) 이윤이, 그 시대를 보좌하여 재상이 되었다.

68.

奄宅曲阜(엄택곡부), 微旦孰營(미단숙영).

곡부까지 넓게 다스리니, 주공 단이 아니면 누가 이룰 수 있었으랴.

69.

桓公匡合(환공광합), 濟弱扶傾(제약부경).

환공은 천하를 바로잡고 통합하여, 약한 자를 구제하고 기울어진 것을 바로 세웠다.

70.

綺回漢惠(기회한혜), 說感武丁(설감무정).

기리계(綺里季: 한나라 때의 현자)는 한 혜제를 돌이키게 하였고, 부열(傅說: 상나라 때의 현자)은 무정을 감동시켰다.

71.

俊乂密勿(준예밀물), 多士寔寧(다사식녕).

뛰어난 인재들이 부지런히 일하니, 많은 선비들이 진실로 평안하구나.

72.

晉楚更霸(진초갱패), 趙魏困橫(조위곤횡).

진(晉)나라와 초(楚)나라가 번갈아 패권을 잡았고, 조(趙)나라와 위(魏)나라는 연횡책에 곤란을 겪었다.

73.

假途滅虢(가도멸괵), 踐土會盟(천토회맹).

길을 빌려 괵(虢)나라를 멸망시켰고, 천토(踐土: 하남성 原陽 서남쪽)에서 회맹(會盟)을 열었다.

74.

何遵約法(하준약법), 韓弊煩刑(한폐번형).

**소하(蘇何)는 간소한 법을 좇았으나, 한비(韓非)는 번거로운 형벌로 피폐해졌다.**

75.

起翦頗牧(기전파목), 用軍最精(용군최정).

**백기(白起), 왕전(王翦), 염파(廉頗), 이목(李牧)이 군대를 가장 정교하게 운용했다.**

76.

宣威沙漠(선위사막), 馳譽丹靑(치예단청).

**위엄을 사막에까지 펼쳤고, 명성을 그림으로 그려 전했다.**

77.

九州禹跡(구주우적), 百郡秦幷(백군진병).

**구주는 우(禹)임금의 자취요, 모든 군(郡)은 진(秦)나라 때 통일됐다.**

78.

嶽宗恆岱(악종항대), 禪主云亭(선주운정).

**오악(五嶽)의 우두머리는 항산과 태산이요, 제사는 운운산(云云山: 태산 아래의 작은 산)과 정정산(亭亭山: 태산 아래의 작은 산)에서 주로 지낸다.**

79.

雁門紫塞(안문자새), 雞田赤城(계전적성).

**안문관(雁門關: 산서성 북방에 있는 관문)과 자새(紫塞: 만리장성), 계전(雞田: 冀州에 있던 역참)과 적성(赤城: 만리장성 밖 동이족 치우가 살던 곳).**

80.

昆池碣石(곤지갈석), 鉅野洞庭(거야동정).

**곤지(昆池: 장안 서남쪽의 큰 못)와 갈석산(碣石山: 하북성 창려현 북쪽의 큰 산), 거야(鉅野: 산동성의 큰 들)와 동정호(洞庭湖: 호남성의 큰 호수).**

81.

曠遠綿邈(광원면막), 巖岫杳冥(암수요명).

(이들은) 광활하기 그지없고 아득히 멀며, 바위산과 동굴은 아득하고 어둡다.


82.

治本於農(치본어농), 務玆稼穡(무자가색).

다스림의 근본은 농업에 있으니, 이의 경작에 힘써야 한다.


83.

俶載南畝(숙재남무), 我藝黍稷(아예서직).

남쪽 밭의 이랑에서 파종을 시작하니, 내가 메기장과 찰기장을 심는다.


84.

稅熟貢新(세숙공신), 勸賞黜陟(권상출척).

익은 곡식에 조세를 매기고 햇곡식을 공물로 바치며, 타이르고 상을 주고 내치고 올려준다.


85.

孟軻敦素(맹가돈소), 史魚秉直(사어병직).

**맹자**(孟子)는 바탕을 두터이 하였고, **사어**(史魚: 춘추시대 **魏**나라 대부)는 올곧음을 굳건히 지녔다.


86.

庶幾中庸(서기중용), 勞謙謹勅(노겸근칙).

**중용**(中庸)에 가까워지려면, 부지런히 일하고 겸손하며 삼가고 근신해야 한다.


87.

聆音察理(령음찰리), 鑒貌辨色(감모변색).

소리를 듣고 이치를 살피며, 모습을 보고 안색을 분별한다.

88.

貽厥嘉猷(이궐가유), 勉其祗植(면기지식).

그대에게 아름다운 계책을 남겨주나니, 그것을 떠받들고 세우기는 데 힘써야 한다.


89.

省躬譏誡(성궁기계), 寵增抗極(총증항극).

자기 몸을 살펴 책잡힐 것을 경계하고, (임금의) 은총이 더해져 극에 이름을 경계해야 한다.


90.

殆辱近恥(태욕근치), 林皋幸卽(임고행즉).

위태로움과 욕됨은 치욕에 가까운 것이니, 나무 우거진 숲과 언덕진 곳으로 나아가야 한다.


91.

兩疏見機(양소견기), 解組誰逼(해조수벽).

두 소씨(한나라 때의 太傅 疏廣과 그의 조카인 少傅 疏受)가 기미를 알아보고서, 인끈을 풀고 물러났으니 누가 핍박할 수 있으리오.


92.

索居閒處(색거한처), 沈默寂寥(침묵적요).

홀로 떨어져 살고 한가로운 곳에 머무니, 깊이 잠긴 듯 잠잠하고 적막한 듯 고요하다.


93.

求古尋論(구고심론), 散慮逍遙(산려소요).

옛 것을 구하고 의논을 찾으며, 온갖 걱정을 흩어 버리고 한가로이 노닌다.


94.

欣奏累遣(흔주누견), 慽謝歡招(척사환초).

기쁨이 나오고 근심은 물러가며, 슬픔은 사라지고 즐거움이 손짓하며 다가온다.

95.

渠荷的歷(거하적력), 園莽抽條(원망추조).

도랑의 연꽃이 더욱 선명하고, 동산의 잡풀이 가지를 뻗는다.


96.

枇杷晚翠(비파만취), 梧桐早凋(오동조조).

비파나무가 늦도록 푸르고, 오동나무가 일찍 시든다.


97.

陳根委翳(진근위예), 落葉飄飖(낙엽표요).

묵은 뿌리는 말라 시들고, 떨어지는 잎이 바람에 나부낀다.


**98.**

遊鯤獨運(유곤독운), 凌摩絳霄(능마강소).

큰 물고기 곤(鯤)은 홀로 헤엄치다가, 하늘가를 넘어 날아오른다.


99.

耽讀翫市(탐독완시), 寓目囊箱(우목낭상).

글 읽기를 즐겨 시장 책방에서 책을 보고, 눈으로 본 것을 주머니와 상자에 책을 담아둔다.


100.

易輶攸畏(이유수외), 屬耳垣牆(속이원장).

소홀하고 경솔함을 진실로 두려워해야 하나니, 남들의 귀가 벽에 붙어 있다는 것을 알아야 한다.


101.

具膳湌飯(구선찬반), 適口充腸(적구충장).

반찬을 갖추어 밥을 먹는 데는, 입에 맞고 배만 채우면 그만이다.

102.

飽飫烹宰(포어팽재), 飢厭糟糠(기염조강).

배부르면 고기음식이라도 물리고, 굶주리면 지게미나 겨조차도 달가운 법이다.

103.

親戚故舊(친척고구), 老少異糧(노소이량).

친척과 오랜 친구(를 대접할 때)는 늙고 젊음에 따라 음식을 달리해야 한다.

104.

妾御績紡(첩어적방), 侍巾帷房(시건유방).

아내와 첩은 길쌈을 하고, 커튼 쳐 친 방에서 수건을 들고 시중든다.

105.

紈扇圓潔(환선원결), 銀燭煒煌(은촉위황).

비단 부채는 둥글며 깨끗하고, 은빛 촛불은 휘황찬란하게 빛난다.

106.

晝眠夕寐(주면석매), 藍筍象牀(남순상상).

낮잠을 자고 밤잠에 드니, 남색 대자리와 상아 장식 침상이네.

107.

絃歌酒讌(현가주연), 接杯擧觴(접배거상).

거문고 타고 노래하며 술 마시는 잔치에서, 술잔을 들고 두 손으로 들어 올려 서로 권한다.

108.

矯手頓足(교수돈족), 悅豫且康(열예차강).

손을 굽혔다 펴고 발을 굴려 춤추니, 기쁘고 즐거우며 또 평안하다.

**109.**

嫡後嗣續(적후사속), 祭祀蒸嘗(제사증상).

**적통의 후계자는 대를 이어 조상께, '증(蒸)'제사**(겨울 제사)**와 '상(嘗)'제사**(가을 제사)**를 지내야 한다.**

**110.**

稽顙再拜(계상재배), 悚懼恐惶(송구공황).

**이마를 조아리며 두 번 절하되, 송구하고 황공해 해야 한다.**

**111.**

牋牒簡要(전첩간요), 顧答審詳(고답심상).

**편지나 문서는 간단하며 긴요해야 하고, 안부와 답장은 자세히 살펴서 빈틈없이 해야 한다.**

**112.**

骸垢想浴(해구상욕), 執熱願涼(집열원량).

**몸에 때가 끼면 목욕이 하고 싶어지고, 뜨거운 것을 잡으면 차가워지기를 바란다.**

**113.**

驢騾犢特(여라독특), 駭躍超驤(해약초상).

**나귀와 노새와 송아지와 소들은, 놀라 날뛰고 훌쩍 뛰어넘어 내달린다.**

**114.**

誅斬賊盜(주참적도), 捕獲叛亡(포획반망).

**도둑과 강도를 죽이고 베며, 배반하며 도망친 자를 사로잡아 들인다.**

**115.**

布射僚丸(포사료환), 嵇琴阮嘯(혜금완소).

**여포**(呂布)**의 활쏘기와 웅의료**(熊宜僚)**의 방울 돌리기, 혜강**(嵇康)**의 거문고와 완적**(阮籍)**의 휘파람.**

116.

恬筆倫紙(첨필륜지), 鈞巧任釣(균교임조).

**몽념(蒙恬)의 붓과 채륜(蔡倫)의 종이, 마균(馬鈞)의 기묘한 재주와 임공자(任公子)의 낚싯대.**

117.

釋紛利俗(석분이속), 竝皆佳妙(병개가묘).

**얽힌 것을 풀고 세상을 이롭게 하니, 모두 다 아름답고 오묘한 것들이었다.**

118.

毛施淑姿(모시숙자), 工嚬妍笑(공빈연소).

**모장(毛嬙)과 서시(西施)는 자태가 아름다워, 찡그리는 모습조차 아름답고 웃는 모습은 곱기만 했네.**

119.

年矢每催(연시매최), 羲暉朗曜(희휘낭요).

**세월은 화살처럼 늘 재촉하건만, 아침 햇빛은 밝게 빛나기만 하구나.**

120.

璇璣懸斡(선기현알), 晦魄環照(회백환조).

**선기옥형(璇璣玉衡: 천체의 운행과 위치를 관측하던 장치)은 매달린 채로 돌아가고, 그믐날의 빛없는 달은 다시 순환하여 빛을 발한다.**

121.

指薪修祐(지신수우), 永綏吉邵(영수길소).

**손가락으로 장작을 밀어 넣듯 복을 닦으면, 길이길이 편안하고 길함이 높아진다.**

122.

矩步引領(구보인령), 俯仰廊廟(부앙낭묘).

**걸음을 바르게 하고 옷차림을 단정히 하여, 조정에 임하고 조회에 오르내린다.**

123.

束帶矜莊(속대긍장), 徘徊瞻眺(배회첨조).

허리띠를 단단히 묶고 떳떳한 몸가짐으로 있으면, 배회할 때도 사람들이 우러러본다.


124.

孤陋寡聞(고루과문), 愚蒙等誚(우몽등초).

홀로 배워 보고 들은 것이 적으면, 어리석고 몽매한 자와 같은 꾸지람을 받는다.


125.

謂語助者(위어조자), 焉哉乎也(언재호야).

문장의 어조사로는 '언(焉)', '재(哉)', '호(乎)', '야(也)' 등이 있다.

# 국민훈장무궁화장 (여성)

**하영삼(河永三)**
경성대학교 중국학과 교수, 한국한자연구소 소장, 인문한국플러스(HK+)사업단 단장, 세계한자학회(WACCS) 상임이사. 부산대 중문과 학사, 대만 정치대 중국과 석사, 박사. 한자어원과 한자에 반영된 문화성을 연구하고 있으며, 『한자와 에크리튀르』, 『한자어원사전』, 『키워드 한자』, 『100개 한자로 읽는 중국문화』, 『한자의 세계』 등의 저서와 『완역설문해자』(5책), 『설문인지분석』(2책), 『허신과 설문해자』, 『갑골학 일백 년』(5책), 『한어문자학사』, 『중국문자학핸드북』(2책) 등의 역서가 있다.

**장견(張堅)**
중국 은상문화학회 부회장, 하남성 두보문화연구회 부의장, 안양사범대학 특별초빙교수, 갑골문 및 은상사 연구센터 연구원.
은상문화와 갑골문을 연구하고 있으며, 『동작빈(董作賓) 약전』, 『경운집(耕耘集)』, 『은허우화(殷墟郵話)』 등의 저서가 있으며, 『광명일보』, 『중국문물보』, 『은도학간』 등에 「안양 은허의 세 가지 보물」, 「상족 도템 및 관련 문제」, 「갑골학과 갑골문 서법 예술」 등 다수의 논문을 발표했다. 편저로 『은허문화대전』, 『은허문화대전』, 『갑골문 발견 120주년 도감』, 『은허 갑골학 대사전』 등이 있다.

**장원심(張源心)**
안양사범대학 역사문박학원 교수, 경성대학교에서 국제한자교육 박사, 중국 은상문화학회 갑골문예술연구 분과 부비서장을 맡고 있으며, 갑골문 지명을 연구하고 있다. 『갑골문지명연구』, 『갑골문 313자 입문』, 『천자문으로 갑골 학습』, 『삼자경 갑골 읽기』 등의 저서가 있고, 편저로 『은허문화대전』, 『갑골문 발견 120주년 도감』, 『은허 갑골학 대사전』 등이 있다.

『갑골문 천자문』

초판 1쇄 인쇄 2024년 10월 30일
초판 1쇄 발행 2024년 10월 30일

직해 하영삼(河永三)
서(書) 장견(張堅)
조판 장원심(張源心)
펴낸이 정혜정
펴낸곳 도서출판3
표지디자인 배소연
편집 및 교열 김형준

출판등록 2013년 7월 4일 (제2020-000015호)
주소 부산광역시 금정구 중앙대로 1929번길 48
전화 070-7737-6738
팩스 051-751-6738
전자우편 3publication@gmail.com

ISBN: 79-11-87746-79-9 (03720)